Diane Mariechild

TRAUMKRAFT

Handbuch

zur

psychischen Selbsthilfe

Aus dem Amerikanischen
von Adelheid Ohlig

FRAUENOFFENSIVE

Ich möchte Karen Lindsey danken, deren Unterstützung, Energie und redaktionelle Arbeit ein Segen für die Entstehung dieses Buches waren. Mein Dank geht auch an Jake Flaherty, Marc Maloof, Mike Flaherty und Kevin Welsh für ihre Hilfe beim Kapitel über die Kinder. Und ich danke Seija Ling und Marian Clark, die an meine psychischen Fähigkeiten glaubten, und Sue Silvermarie, die von meiner schriftstellerischen Stärke überzeugt war. Besonderen Dank auch an Anne Lewis für das Lied in ihrem Herzen. AXOKE.

Diese Arbeit speist sich aus vielen Quellen, darunter Frauen, die ich nicht kenne, deren Bilder und Gesänge mir in Seminaren und rituellen Versammlungen übermittelt wurden.

1. Auflage, 1987
© Diane Mariechild
veröffentlicht bei: The Crossing Press Feminist Series
Originaltitel: MOTHER WIT
© deutsche Übersetzung Verlag Frauenoffensive, München 1987
(Kellerstr. 39, 8000 München 80)

ISBN 3—88104—160—5

Satz: Sylvia Seyfried, München
Druck: Clausen & Bosse, Leck
Umschlaggestaltung: Inge Vogt, München

INHALTSVERZEICHNIS

Meiner Liebe gewidmet

HINTERGRUND

Mit der Entwicklung meiner psychischen Fähigkeiten befasse ich mich seit der Teilnahme an einem Seminar über Frauenkraft im Februar 1974. Damit fingen die unglaublichsten Erfahrungen an. Ich entdeckte die Möglichkeit der tiefen Innenschau, bei der sich mir Teile meiner selbst enthüllten, von deren Existenz ich zuvor keine Ahnung hatte. Ich lernte die Schaffung eines eigenen geistigen Raums, in dem ich meinen inneren Stimmen lauschen konnte, Probleme mit Hilfe meiner Phantasie löste, meinen physischen Körper heilte und zu einem klareren Verständnis meiner Träume gelangte. Was diese Übungen für mich bewirkten, können sie meiner Ansicht nach auch für andere tun.

Acht Frauen nahmen an dem besagten Frauenkraftseminar teil. Abends versammelten wir uns mit unseren Schlafsäcken, auf die wir uns legten, wenn wir in Trance gingen. Ich hatte keine Vorstellung von dem, was geschehen würde; uns wurde lediglich erklärt, daß wir uns psychisch entfalten würden.

Die meisten Geschehnisse dieses Abends sind in der Erinnerung verblaßt. Still lagen wir im Dämmerlicht, während die Stimme der Leiterin uns anwies, jeden Körperteil zu entspannen. Mit zunehmender Übung konnte ich immer leichter in den Trancezustand wechseln. Wenn man so etwas noch nie erlebt hat, mag das, was wir da trieben, zunächst ziemlich dumm aussehen. Wir lernten, unser Bewußtsein in eine Pflanze zu projizieren, um mit ihr zu kommunizieren. Wir trafen zwei geistige Führerinnen oder Beraterinnen, die wir in Notfällen anrufen konnten; wir entdeckten Heilenergien und lernten, sie in unsere Körper wie auch in die der Freunde zu senden. Die für mich erstaunlichste Übung war Psychodiagnose. Meine Partnerin führte mich in Trance und nannte mir dann den Namen einer mir unbekannten Frau. Ich konzentrierte mich darauf und konnte ihren physischen und emotionalen Zustand genau diagnostizieren. Ich hatte zwar schon immer geglaubt, daß andere Leute — eben Heiler und Heilerinnen dies könnten — aber ich?

Frauenkraft begann in Boston im Frühjahr 1973. Einige Frauen hatten einen Kurs in der Geistkontrolle nach der Silvamethode belegt und fanden ihn sehr hilfreich, bis auf die Tatsache, daß Ziele und Sprache männlich orientiert waren. Sie wollten ihre neuen Fähigkeiten feministisch nutzen. Sie erkannten, daß ein Kurs, der psychisches Bewußtsein fördert, der Neubewertung traditionell weiblicher Eigenschaften (Emotionalität, Sensibilität, Empfänglichkeit und Passivität) dienlich sei. Sie sahen auch, daß weibliche Energien in unserer patriarchalen Gesellschaft keine Rolle spielen. Statt dessen gelten männliche Wertbegriffe wie Ordnung und Gesetz, rationales Denken. Die Kräfte der Natur sollen nutzbar gemacht werden. In dieser Gesellschaft herrschen Männer: Gottvater wird verehrt, der Vater ist das Haupt der Familie, Verwandtschaft wird über die männliche Erbfolge bestimmt, statt gemeinsamen Besitz haben wir Privateigentum.

Heute versichert sich das alte matriarchale Prinzip wieder seiner Macht. Dies ist Eros, das weibliche, spirituelle oder psychologische Prinzip der Liebe, der Einheit und des Friedens. Die Gesetze des Matriarchats sind die Naturgesetze; die innere Gefühlswelt hat einen hohen Stellenwert. Das Leben wird zyklisch gesehen: als sich ständig erneuernde Balance. Die Erde ist heilig, schenkt allem, was existiert, Leben und erhält es. Die Natur lehrt die Geheimnisse des Lebens. Sie ist keine Macht, die es zu überwinden gilt.

Wir müssen unsere weibliche Seite wieder zurückfordern — nicht auf die alte unbewußte Art. Vielmehr sollten wir lernen, sowohl weibliche als auch männliche Energien neu zu integrieren. Sie sind nicht Gegensätze, sondern Ergänzungen der gleichen Lebenskraft. Wir sollten beide Energien angemessen ausdrücken lernen.

Die Frauenkraft half mir bei der Entdeckung dieser Fähigkeit. Die Frauen und ihre wunderbaren Visionen ließen ein Seminar entstehen, das die Stärke und Intuition der Frauen zur Geltung brachte.

Begeistert von den vielen Möglichkeiten, die der Workshop mir eröffnet hatte, begab ich mich mit einer Freundin auf Entdeckungsreisen in die Psyche. Wir trafen uns mehrere Stunden pro Woche und benutzten dabei das Buch „Phantasiereisen"* von Masters und Houston als Führung. Jane und ich erkundeten neue Bereiche des Bewußtseins. Manchmal stießen andere Men-

---

* Robert Masters und Jean Houston, *Phantasiereisen — Zu neuen Stufen des Bewußtseins: Ein Führer durch unsere inneren Räume*, München 1984.

schen dazu, doch meistens waren wir zu zweit. Bald kreierten wir eigene Übungen, um uns zu zentrieren. In Trance erforschten wir unsere Träume, Phantasien und vergangene Leben. Wir untersuchten unsere Glaubensvorstellungen. Wir konzentrierten uns auf positive Gedanken und gaben damit unserem Leben eine eher bejahende Richtung. Die Botschaften des Körpers nahmen wir ernst, erkannten nach und nach, warum und wieso Krankheiten entstehen. Wir sandten einander heilende Energien, auch den Freunden und Freundinnen, die danach verlangten.

Dies wachsende Bewußtsein über Heilen und Krankheit teilte ich mit meinen Kindern. Bei unseren Gesprächen lernten wir, wie wir Krankheiten herbeirufen (einen rauhen Hals kriegen, wenn Worte im Hals steckenbleiben; Bauchweh haben, wenn wir nicht in die Schule oder zur Arbeit wollen). Wir suchten nach angemesseneren Möglichkeiten, unsere Bedürfnisse und Gefühle auszudrücken. Wurde jemand krank, sandten wir Heilung, legten die Hand auf und benutzten visuelle Vorstellungen. Vor dem Schlafengehen unternahmen wir magische Reisen zu entferntesten Plätzen — im Bett. Die Kinder gewannen mehr Selbstvertrauen, da sie sich ja auf ihre inneren Freunde verlassen konnten. Wir sprachen über unser Leben, wie wir es führen wollten und wie wir unsere geistige Kraft nutzen konnten. Statt uns über Versagen zu grämen, konzentrierten wir uns auf positive Ergebnisse. Familientreffen wurden mit Energiekreisen eröffnet. Wir erfanden Rituale zur Befreiung von Angst und zum Nutzen positiver Energie.

Gleichzeitig wurde ich in meiner Arbeit als feministische Beraterin bereichert. Mit meinen Klientinnen ging ich genauso in Trance, wie ich es selbst gelernt und erfahren hatte; arbeitete mit Träumen, Selbstheilung, Problemlösungen, Befreiung von Angst, Konzentration und Energien. Auch die wachsende Fähigkeit, Körperbotschaften zu verstehen, sowie Atemenergie und Heilbilder flossen in meine Arbeit ein.

Die Erinnerung an Träume funktionierte zunehmend besser. Auch wurde ich im Traum wacher und konnte so die Bilder formen. Zwischen Traum- und Wachzustand pendelnd, verließ ich mich immer mehr auf meine Intuition.

Mit dem wachsenden Erkennen verschiedener Energieebenen fühlte ich auch ein Wiedererwachen spirituellen Bewußtseins, das sich nun feiner und frauenbezogener äußerte. Es gibt Zeiten, in denen ich diese kosmische Energie als Große Mutter visualisiere und meine Meditationen nutze, um mich mit dieser Le-

11

benskraft zu verbinden. Tägliches Üben von Hatha Yoga und Meditation halfen mir, klarer zu werden. Oft erhalte ich Informationen von meinen Geistführern — einer Ägypterin und einem Orientalen.

Rituale haben in meinem Leben eine wichtige Rolle eingenommen: Kerzen und Weihrauch während der Meditation; die Vorstellung eines Regenbogenlichts, das mich umgibt und schützt, das Errichten eines magischen Kreises, in dem ich Spannung und Angst loslassen kann, von Liebe erfüllt werde und mich der Stärke meines Wesens versichere.

Ich erforschte Mythologien und alte matriarchale Religionen und schuf — gemeinsam mit Freundinnen — Rituale der Lösung, Affirmation und schöpferischen Kraft. Wir treffen uns monatlich zu Vollmond, einer Zeit großer psychischer Energien. Schließlich feierten wir auch die großen und kleinen Sabbats des Wicca(Hexen)-Kalenders.

Seit dieser ersten Begegnung mit dem Frauenkraft-Workshop habe ich meine psychischen und heilenden Fähigkeiten ständig weiter erforscht und entwickelt. Meditation, Yoga, Gespräche mit meiner Überseele und meinen Geistführern, Einzel- und Gruppenrituale wurden zu einem wichtigen Bestandteil meines Lebens. Ich arbeite weiterhin als Psychotherapeutin und gebe wöchentliche Seminare zur Entwicklung psychischer Fähigkeiten. Im Rückblick auf die vergangenen Jahre sehe ich, wie ich zu diesem Frauenkraft-Workshop geführt wurde, so daß ich in diesem Leben meine psychischen Fähigkeiten entfalten und anderen weitergeben kann. Dabei lernte ich vor allem, mich selbst zu lieben, meinen Weg des Wachsens zu erkennen und sowohl meine Stärken als auch meine Schwächen zu akzeptieren. Ich kann mittlerweile viel öfter aus klarem inneren Verständnis heraus handeln.

PSYCHO-BEWUSSTSEIN

Psyche ist das griechische Wort für Seele und bezieht sich auf Dinge jenseits der physischen Erscheinung. Psychische Informationen erhalten wir nicht durch unsere fünf Sinne. Psychische Fähigkeiten sind weder verrückt noch absonderlich — wir alle sind mit dieser Gabe ausgestattet.

Die Übungen in diesem Buch helfen dir, Psycho-Bewußtsein zu entwickeln. Intuition, Ahnungen, Gefühle und Körperempfindungen werden dabei dienlich sein. Hierzu gehören Erscheinungen wie: Stimmen hören, Bilder sehen, Symbole und Auras erkennen. Wenn du die hier vorgeschlagenen Übungen machst, wirst du dich entspannen können und Trance erlernen. Dabei kannst du in Kontakt mit deinen intuitiven Kräften kommen. Du wirst dich durch Stärkung deiner Aura schützen können. Die Aura ist das dich umgebende elektromagnetische Feld. Du wirst Heilen lernen, Informationen über andere Leben erhalten, deine Energien konzentrieren und Frauenrituale kennenlernen. Solche Dinge sind aber nicht das Ziel an sich. Die Entfaltung des Psycho-Bewußtseins dient unserer Entwicklung und somit der Evolution des ganzen Menschengeschlechts.

Uns allen ist rationales Wissen vertraut: die Fähigkeit der Analyse, Konzentration und Unterscheidung. Die westliche patriarchale Gesellschaft hat den Verstand überbetont, indem sie sagt, daß dies der einzige Weg des Lernens sei. Als Frauen haben wir diese männliche Ansicht der Welt geschluckt. Logisches Denken wurde idealisiert, der Verstand hochgepriesen, und als Folge davon verloren wir die Verbindung zu unserer Seele, der tiefsten Schicht unserer Psyche. Um diese Verbindung sollten wir wieder kämpfen.

Wir müssen uns der Wissensquellen wieder erinnern, die die patriarchale Gesellschaft seit Tausenden von Jahren verleugnet. Von neuem müssen wir unsere weiblichen Fähigkeiten wieder schätzen lernen, jenes diffuse Bewußtsein, das uns erlaubt, zwischen den Zeilen zu lesen und die Verbindung zwischen allen Dingen zu spüren. Voll Ehrfurcht müssen wir wieder die Bedeutung innerer Welten erkennen, Gefühle und Intuition anerkennen. Wenn wir uns dies wieder zugestehen, werden wir die Bedeutung der Passivität verstehen, dieses „brütende" und nährende Verhalten als ewige Quelle der Kreativität. Nur wenn wir uns mit diesem weiblichen Prinzip verbünden, es in uns wie auch in der Gesellschaft leben, gelangen wir zu unserer Kraft: der Traumkraft der Frauen.

EIN WORT ZUR ETHIK

Einmal entwickelte psychische Fähigkeiten sind sehr mächtig. Wenn wir unsere Energien ernst nehmen, werden wir universellen Gesetzen gegenüber verantwortlich. Das erste lautet: die Energie, die du losschickst, kehrt immer zu dir zurück. Handelst du gewalttätig, wirst du mit Gewalt konfrontiert; handelst du friedlich, wirst du friedfertig. Geben und Nehmen sind zwei Seiten derselben Münze. Karma, das Gesetz von Ursache und Wirkung, ist eng verknüpft mit dem Konzept der Wiedergeburt. Das Gleichgewicht der Energien, Geben und Nehmen, wird über mehrere Leben ausbalanciert. Nicht immer siehst du die Ergebnisse deiner Handlungen in diesem Leben.

Das zweite Energiegesetz lautet: je größer dein Bewußtsein desto größer deine Verantwortung. Entweder handelst du aus der Fülle der Liebe heraus oder aus einengender Furcht. Gleichzeitig aus beiden Motiven heraus zu handeln ist unmöglich. Psychische Fähigkeiten sollten stets aus Liebe und ohne Gewalt entwickelt und angewandt werden. Es ist überhaupt nicht akzeptabel, psychische Fähigkeiten zur Manipulation oder Beherrschung anderer zu benutzen.

In einer Welt, in der Gewalt und Ungerechtigkeit zum Alltag gehören, fällt es schwer, psychische Talente nicht zur Rache zu benutzen. Solche Gefühle sind durchaus verständlich. Doch haben wir alle für den Fortbestand der Gewalt gesorgt, indem wir andere verletzten oder unsere Bedürfnisse vernachlässigten, was anderen erlaubte, uns zu verletzen. Wir müssen lernen, Macht liebevoll und friedfertig zu benutzen. Gewalt als Macht über andere hat aufzuhören. Unsere Motive bestimmen die Ergebnisse. Im folgenden beschreibe ich meine ethischen Grundsätze hinsichtlich psychischer Fähigkeiten anhand von Beispielen.

1. Deine Freundin ist krank. Nach deiner Auffassung sollte sie sich anders ernähren. Also projizierst du deine Gedanken in ihren Geist. Damit dringst du in ihre Psyche ein. Es hat aber jede/r von uns das Recht auf Krankheit. Zu entscheiden, was die andere Person braucht, heißt, Macht über sie auszuüben, egal wie edel deine Motive sein mögen. Besser ist es, der Freundin positive Energie zu senden, die sie nach Belieben annehmen und verwenden kann.

2. Du fühlst dich sehr einsam und bist seit längerer Zeit ohne Gefährten/in. Du kennst jemand, mit dem/der du dich einlassen möchtest. Solltest du dich also entspannen und dir vorstellen, wie du mit dieser Person eine Beziehung beginnst? Nein, denn auch dies wäre Manipulation. Eine andere Person in eine Lage zu versetzen, von der sie nichts weiß, bedeutet wieder Gewaltanwendung oder geistige Herrschaft. Besser wäre es, du stellst dir eine Beziehung zu einer wunderbaren, passenden Person vor, die du noch nicht kennst. Denn was du wirklich willst und

brauchst, ist eine tiefe innige Beziehung. Du nimmst vielleicht an, daß nur eine bestimmte Person dich glücklich machen kann, doch das stimmt so nicht. Wichtig ist, daß du für dich herausfindest, was du warum brauchst.

3. Du hast eine Beziehung und möchtest darin die Kommunikation verbessern. Projiziere keine Befehle in den Geist der anderen Person. Um den Austausch zu verbessern, solltest du an dir arbeiten, denn schließlich bist du die einzige Person, die du ändern kannst. Du kannst die „kreative Visualisierung" benutzen, um ruhiger und geduldiger zu werden oder um zu lernen, deine Bedürfnisse direkter auszudrücken.

4. Du wurdest vergewaltigt. Solltest du dem Vergewaltiger negative Energien senden, ihm einen Beinbruch wünschen oder etwas Schlimmeres? Nein, denn dies würde die Gewalt nur fortsetzen und dich durch starke Gefühle noch mehr an ihn binden. Wendest du geistige Gewalt gegen andere an, wirst du selbst offen für Gewalt gegen dich. Umgib dich lieber mit weißem Licht und benutze Affirmationen, um deine Gesundheit, Kraft und Weisheit zu stärken. (Das enthebt dich allerdings nicht der Notwendigkeit eines Schutzes auf materieller Ebene: Schaff dir sichere Schlösser an und lerne Selbstverteidigung.) Wurdest du das Opfer von Gewalt, ist es wichtig, daß du dich deinen Ängsten stellst und lernst, sie zu äußern und damit zu lösen.

5. Du bist arbeitslos und auf der Suche nach einem neuen Job. Solltest du dich geistig auf den Arbeitgeber einstellen, damit er dich beschäftigt? Nein, das wäre Manipulation. Wenn du den Namen der dich interviewenden Person kennst, kannst du sie in der Nacht vorher in deinem „Astralkörper" besuchen (siehe Kapitel vier) und ihr sagen, warum du dich für die richtige Bewerberin hältst. Am nächsten Tag kann es sich so anfühlen, als ob ihr euch schon einmal begegnet wärt. Kurz vor dem Interview kannst du dich einstimmen, so daß du intuitiv die richtigen Antworten geben wirst.

ZUR BENUTZUNG DES BUCHS

Dieses Buch enthält eine Reihe praktischer Übungen, mit denen du deine natürlichen psychischen und heilenden Qualitäten entfalten kannst. Die Übungen — einzeln oder in Gruppen — entstammen meiner Praxis und wurden unter anderem beeinflußt durch „Frauenkraft", Hexenkunst, das Buch „Traumreisen", die Sethbücher sowie Hatha und Kundalini Yoga.

Es ist kein beweisendes Buch, weil es keine Beweise gibt. Wenn du glaubst, daß etwas dann wahr wird, wenn es bemessen und gewogen werden kann, so ist das deine Sache. Jede/r von uns lebt nach ihrem/seinem Glaubensmuster, das offen oder unausgesprochen unseren Handlungen zugrunde liegt. Dieses Buch handelt von meinem „Glauben", also von den Dingen, die sich für mich als wahr erwiesen.

Solche Vorstellungen sind nicht absolut: Sie wachsen und verwandeln sich mit meinem Wachstum und Wandel. Wahrheit ist nicht absolut oder ewig. (Vielleicht denkst du, was lange währt, ist wahr, aber das ist deine Ansicht: Langlebigkeit gleich Wahrheit.) Wir alle errichten Kreise um uns, und jeder Kreis besteht aus unserem Verhalten, unseren Gefühlen und Glaubenssätzen. Das ist lebensnotwendig und in Ordnung, solange wir uns in diesem Kreis wohlfühlen. Ist das nicht mehr der Fall, können wir den Kreis ändern, ausradieren und einen neuen schaffen. Unsere Kreise sind magisch — sie erlauben uns freies Wachsen und Wandeln. Werden die Kreise absolut und starr, werden wir Gefangene unserer Vorstellungen und sind nicht länger frei.

Ich biete dir also meinen Kreis für eine Weile an: zum Ausprobieren meiner Vorstellungen und Herausfinden, ob sie auch für dich etwas bedeuten können. Wenn ja: willkommen. Falls nein: laß sie los und entwirf dir eigene. Die Übungen funktionieren nicht nur nach meinen Glaubenssätzen. Finde eigene Schritte in deinem Rhythmus, probiere die Übungen aus, die dir angenehm erscheinen. Wenn es für dich an der Zeit ist, wage dich an neue.

Wenn du allein arbeitest, lies dir die Übungen zunächst durch, damit du sie kennst. Dann entspanne dich, konzentriere und schütze dich (Kapitel eins) und fange an. Du kannst dir auch Kassetten von den Übungen herstellen.

Wenn du mit anderen Frauen an der Entwicklung psychischer Fähigkeiten arbeitest, könnt ihr euch gegenseitig unterstützen. Die wichtigste Unterstützung kommt allerdings von dir selbst. Du mußt an die Wirksamkeit dieser Übungen glauben. Und das kann dir schwerfallen. Wir sind so erzogen worden, daß wir glauben, wir verdienen nicht, was wir uns wünschen, und daß wir unseren Wünschen nicht vertrauen können. Uns wurde außerdem beigebracht, daß psychische Energien nichts verändern und bewirken.

Diese Techniken lehren dich das Vertrauen in die kleine, ruhige Stimme, die sagt: „Das kann wirken, und ich will es versuchen." Da dies neu für dich ist und neue Ideen Zeit brauchen, kannst du dir sagen: „Ein Teil in mir hält dies für blöd. Ich habe nicht die Fähigkeit, mein Leben zu ändern, aber während ich die Übung mache, kann ich diesen Teil meiner selbst für eine Weile beiseite lassen und dem Teil in mir zuhören, der sagt, daß an dem Ganzen etwas dran sein könnte. Diesem Teil will ich die Chance geben, zu wachsen." Indem du deine Ansichten änderst, wird sich auch in deinem Leben einiges verändern.

Wenn du mit einer Technik nicht zurechtkommst, frage dich, ob du sie wirklich benutzen willst. Vielleicht ist es für dich nicht die richtige Zeit, diesen Wandel einzuleiten. Es könnte auch sein, daß du mehr Angst vor einem Erfolg deiner Bemühungen hast als vor einem Versagen. Viele von uns wurden zu Opfern erzogen. Zu erkennen, daß wir die Macht zur Veränderung in uns tragen, kann zunächst erschreckend sein.

Es dauert eine Zeit, zu lernen, wie man sich in die Trance hinein vertieft. Nach und nach wird dir der Zustand vertrauter. Es kann sein, daß deine Lider zucken; dein Körper kann sich schwer oder leicht anfühlen; du kannst Kälte spüren; es kann dir auch alles wie ein Traum vorkommen. Es gibt viele Möglichkeiten des Erlebens.

Übe, wenn du entspannt bist. Sobald du dich an die Trance gewöhnt hast, kannst du auch dann hineingehen, wenn du nicht so entspannt bist. Dann wird die Trance dir bei der Entspannung helfen. Wenn du meinst, daß du dich nie richtig entspannen kannst, kümmere dich nicht zu sehr darum. Übe einfach täglich weiter, und bald wirst du es können.

Übe zunächst nur kurz, fünf bis zehn Minuten. Damit es zur Gewohnheit werden kann, beginne mit kleinen Schritten, übe nur so viel, wie du kannst. So wirst du Erfolg haben. Bei aller Selbstdisziplin: bleibe flexibel. Laß die Struktur sich aus dir heraus entwickeln, zwinge dich nicht. Manchmal gelingt es überhaupt nicht. Das ist auch in Ordnung — der Versuch ist wichtig. Dann gibt es Zeiten, da du keine Lust hast. Auch das ist in Ordnung: gib dir die Freiheit, den Plan zu ändern. Wer hat gesagt, daß du es jeden Tag machen mußt, damit es klappt?

Falls du während des Übens einschläfst, liegt es meist daran, daß du Schlaf brauchst. Passiert es allerdings immer wieder und unterbricht deine Praxis, sage dir, daß du wach bleiben willst. Oder übe im Sitzen.

Siehst du ein Bild, das dich erschreckt, oder jemanden, den du nicht magst, dann zwinkere mit den Augen, und es wird verschwinden. Oder sage zu dem Bild: „Geh in Frieden." Wenn die Erfahrung sehr unangenehm wird, öffne die Augen und setz dich auf. Du wirst sofort zurückkehren.

Fühlst du ein Übermaß an Energie nach den Übungen und weißt nicht, wie du sie kanalisieren sollst, schüttle deine Hände und lege sie dann mit den Handflächen nach unten auf den Boden. Stell dir vor, wie die Energie in den Mittelpunkt der Erde strömt. Du kannst auch deine Hände in kaltem Wasser waschen, da Wasser neutralisiert.

Die Übungen sind nach Ideen zusammengestellt. Du kannst sie also in beliebiger Reihenfolge praktizieren. Einzige Vorbedingung: Entspannung und Versenkung. Wichtig ist, sich zu erinnern, daß wir eigene Methoden des Lernens entwickeln. Was für die eine leicht ist, fällt der anderen schwer. Du kannst die Übungen auch nach deinen Bedürfnissen abwandeln.

Ich hoffe, daß diese Entdeckungen (meine und die meiner Freundinnen) dir bei deiner Reise helfen. Es ist eine Reise, die das Bewußtsein deiner selbst erweitert: von der Begrenzung des Ichs zur Vielfalt des Selbst. Es ist eine Reise ohne Ziel. Sie zu beginnen erfordert Mut, denken wir doch meist in Begriffen von Zeit und Ziel. Bisweilen erscheinen die Fortschritte langsam und schwer. Die Reise ist eine Herausforderung, sie erfordert ein Loslassen der bekannten Vergangenheit und die Hinwendung zur unbekannten Zukunft. Allgemein wird angenommen, daß jede Reise zu größerer Bewußtheit des Selbst zur Vollkommenheit führt. Diese Vermutung ist falsch. Kurzfristige Ziele mögen die Praxis anstacheln und beflügeln — das Ende dieser Reise liegt in der Endlosigkeit selbst.

KAPITEL EINS

TIEFENENTSPANNUNG

Damit du psychische und sprituelle Informationen und Energien empfangen kannst, mußt du zunächst lernen, dich zu entspannen und deinen Körper von Verspannung und Anspannung zu lösen. Vollkommene Entspannung ist wirklich ein Geschenk — ein Geschenk, das du dir selbst gibst. Es bedeutet, daß dein Körper vollkommen locker wird, leicht und entspannt; dein Geist wird frei von Gedanken und klar; Angst und Furcht verschwinden.

DEN KÖRPER ENTSPANNEN

Es gibt viele Wege zur Entspannung. Beispielsweise kann jeder Körperteil einzeln, nacheinander entspannt werden: Du kannst bei deinen Füßen beginnen und hinauf zum Kopf wandern oder vom Kopf abwärts dich entspannen. Du kannst auch abwechselnd die einzelnen Körperteile anspannen und entspannen. Du kannst ein Bild, eine Vorstellung für die innere Bewegung benutzen (z. B. eine lange Wendeltreppe hinuntergleiten, auf einem Boot segeln, einen Hügel hinabgehen). Statt dieser abwärts gerichteten Bewegung kannst du dir ebenso eine aufsteigende vorstellen (schweben, fliegen, einen Berg erklimmen, auf einem geflügelten Pferd reiten). Auch mit Hilfe von Symbolen kannst du dich entspannen: eine flackernde Kerze, ein fallendes Blatt, wogende Wellen. Du kannst Farben, Zahlen oder Töne benutzen. Du kannst dich auf die Atmung konzentrieren, indem du immer tiefer und langsamer atmest. Jede dieser Methoden hilft dir, eine andere Bewußtseinsebene zu erreichen.

Dieser Zustand, der sich von deinem üblichen Wachbewußtsein unterscheidet, wird Trance genannt. Es ist ein Zustand erhöhter Bewußtheit, eine Erweiterung des Bewußtseins, und muß nicht traumhaft oder verschwommen sein. Eine Trance ist einfach ein sehr entspannter Geisteszustand, in dem du tiefer zu deinen intuitiven Kräften, Bildern, Symbolen und Gefühlen dringst.

Ein leichter Trancezustand entspricht der Alphadimension, in der die Gehirnströme auf vierzehn Impulse pro Sekunde fallen.

Es gibt noch weit tiefere Ebenen als Alphazustände in der Trance, und du kannst die Ebene selbst bestimmen oder verändern. Für die psychische Arbeit muß nicht unbedingt der tiefste Trancezustand erlangt werden. Deine Trance wird von deiner Entspannung und deiner gegenwärtigen Situation abhängen. Wie alle Fähigkeiten muß auch diese durch Übung vervollkommnet werden.

Oft werde ich gefragt: „Wie erkenne ich, ob ich wirklich in Trance bin?" Körperempfindungen zeigen es an. Manchmal fühlt es sich wie vor dem Einschlafen an — nur schwach erkennst du, was um dich her passiert. Du bist mehr bei deinen Bildern und Intuitionen. Die Augenlider können in der Trance zu flattern anfangen: Dann bist du im REM-Zustand (rapid eye movement = schnelle Augenbewegung), der auch bei Träumen auftritt. Manchmal fühlt sich der Körper sehr leicht an, oder du spürst ihn gar nicht mehr. Ein andermal wiederum kann er sich so schwer anfühlen, daß du dich kaum bewegen kannst. Du kannst dich groß oder klein fühlen. Kehrst du in dein Alltagsbewußtsein zurück, wirst du erkennen, daß du an einem anderen Ort warst.

DEN GEIST ENTSPANNEN

Sobald dein Körper sich entspannt hat, solltest du auch den Geist entspannen und alle Gedanken und Sorgen loslassen. Es gibt ein paar Bilder, die den Geist klären.

Stell dir eine alte schwarze Truhe mit Lederscharnieren und Metallgriffen vor. Hebe den Deckel dieser Truhe und gib all deine Ängste, Ärgernisse, Sorgen, Schwermut, Trauer und Schmerzen hinein. Schließe den Deckel der Truhe. Dein Geist ist jetzt frei.

Stell dir ein großes Zelt mit Leuten, Gegenständen und Gefühlen vor. Während du dich auf dieses Zelt konzentrierst, fegt ein starker Windstoß durch das Zelt und räumt alles hinweg. Dein Geist ist klar wie das Zelt.

Stell dir einen schwarzen Feuerkessel vor und beobachte, wie die Flammen herumtanzen. Laß langsam die Flammen ersterben, bis nur noch Asche übrigbleibt. Ein Windstoß fegt die Asche hinweg. Der Kessel ist klar. Du siehst, daß er eine warme goldene Farbe hat. Während du dich auf dieses feine goldene Leuchten konzentrierst, wirst du selbst ganz golden.

Stell dir zwei wunderschöne Schmetterlinge vor. Während du die Schmetterlinge betrachtest, wachsen dir selbst Flügel, und du kannst zwischen den Welten reisen.

Während du dich auf diese Bilder — und nur auf diese Bilder — konzentrierst, wirst du nach und nach all deine Gedanken loslassen. Hast du Schwierigkeiten, ein Bild zu halten, bring dein Bewußtsein zurück zu dem Bild, statt zu versuchen, die Gedanken wegzuschieben.

ZUR MITTE FINDEN

In entspanntem Zustand und mit klarem Geist kannst du dein Bewußtsein zentrieren. Dies kannst du durch langsames Atmen erreichen, wobei du dir beim Ausatmen vorstellst, wie du durch einen Punkt ein klein wenig unterhalb deines Nabels ausatmest. Dort befindet sich ein Chakra (siehe Kapitel drei). Viele asiatische Kampfsportarten benutzen dieses Energiezentrum als Konzentrationspunkt, um sich selbst zu erden. Vielleicht magst du deine Hand auf deinen Bauch legen, um die Aufmerksamkeit dort zu halten.

Durch das Aussprechen des Worts ,,Zentrum'' gelingt es dir ebenfalls, dich zu zentrieren. Eine bestimmte Zahl oder Farbe mögen dir helfen. Auch Bilder sind gut zur Erdung geeignet. Stell dir vor, wie du deinen Energiekörper bis ins Zentrum der Erde ausdehnst. Stell dir Schnüre oder Wurzeln vor, die ganz zart von der Basis deiner Wirbelsäule in die Erde hineinwachsen. Eine solch erdende Technik eignet sich besonders gut zum Heilen.

Atembewußtsein gehört wesentlich zum Entspannen und Zentrieren. Der Atem ist die Lebenskraft, die wie Ebbe und Flut durch den Körper strömt. Den Atem lenken heißt, das Leben lenken. So wie sich der Atem ändert, ändert sich die Schwingung und auch die Stimmung. Langsames tiefes Atmen führt zu einer ruhigen Mitte. Ist diese Kontrolle erreicht, wirst du nicht länger von deinen Gefühlen oder deiner Umgebung beherrscht.

Du wirst natürlich dahinfließen, wenn du deinen Atem in Einklang mit dem großen Atem bringen kannst — dem Rhythmus des Universums. Die vielen verschiedenen Atemtechniken dienen verschiedenen Zielen. Wichtig ist, den richtigen Atem zur passenden Zeit zu nutzen.

Um in die Trance zu gelangen, muß der Atem tief und langsam werden. Versuche selbst herauszufinden, wie das am besten geht. Achte darauf, daß der Raum gut gelüftet ist, und springe nach der Übung nicht zu schnell herum. Die meisten Menschen haben sich an flaches Atmen gewöhnt, die Sauerstoffzunahme durch volles Atmen kann dich zunächst schwindlig machen.

Es gibt eine Atemtechnik, bei der Ein- und Ausatmen gleich lang sind. Nach der Ausatmung folgt eine kurze Pause. Konzentration auf diese Pause lenkt die Aufmerksamkeit auf den Atem und bringt dich automatisch zur Ruhe. Gleich langes Ein- wie Ausatmen reguliert den Atem und schafft einen Raum innerer Harmonie. Mit zunehmender Übung kannst du die Dauer der Ein- und Ausatmung verlängern. Atme langsam durch die Nase ein und ebenso langsam durch die Nase aus. Halte inne. Während dieser Pause erlebst du deinen Körper mit seinen Gefühlen besser. Halte die Pause, so lange sie dir angenehm ist. Sobald du dich an diese Atmung gewöhnt hast, kann die Pause ebensolang wie die Ein- und Ausatmung sein.

Bei einer anderen Technik wird das Ausatmen verlängert. Dabei kannst du durch den Mund ausatmen, als ob du eine Kerze ausblasen wolltest. Du kannst aber auch durch die Nase ausatmen und zwar doppelt so lange, wie du einatmest.

Eine Vertiefung des Atems erreichst du auch durch zweimaliges Pausieren. Atme langsam durch die Nase ein, halte den Atem an, atme langsam durch die Nase aus und pausiere wieder. Atme in dieser Technik weiter.

Bei einer vierten Technik atmest du langsam durch die Nase ein, hältst den Atem so lange an, wie es gut tut, und dann atmest du langsam durch die Nase aus.

Eine letzte Technik: atme langsam durch die Nase ein und zähle bis vier, halte den Atem und zähle bis zwölf, dann atme langsam aus, während du bis acht zählst. Jede dieser Techniken bringt dich in einen meditativen oder Trancezustand.

Jetzt kannst du dich entspannen, versenken und konzentrieren. Wenn du dich nach dem rhythmischen Atmen noch tiefer versenken magst, kannst du von zehn bis eins zählen. Bis du bei eins anlangst, wirst du in tiefer Trance sein. Um meine Trance zu vertiefen, schreibe ich manchmal meinen Namen in den Sand und beobachte, wie die Wellen ihn wegwaschen. Ein, zwei Minuten lang male ich meinen Namen in den Sand — bis ich so tief bin, wie ich wollte. Bei einer dritten Methode siehst du dich durch eine Hügellandschaft mit einem farbenfrohen Regenbogen gehen. Jede Farbe trägt dich tiefer. Fange bei rot an und geh über orange, gelb, grün, blau, indigo zu violett. Dieses Regenbogenbild liebe ich besonders, ist der Regenbogen doch der Pfad der Göttin Iris, die darauf zwischen Himmel und Erde reist.

EINEN SCHUTZKREIS BENUTZEN

Der nächste Schritt ist der Schutzkreis. Benutze bei deiner psychischen Arbeit stets einen Kreis als Vorsichtsmaßnahme, wenn du deinen Geist öffnen willst. So wie du deine Tür nicht jedem öffnest, wirst du auch deinen Geist nicht allem öffnen, was sich um dich her tut.

Der Kreis besteht aus dem, was für dich Schutz bedeutet: Licht, Farben, Töne, Schwingungen, Kristalle, Spiegel, halbdurchlässige Häute. Du kannst dir auch ein angenehmes Bild vorstellen. Weißes Licht gilt im allgemeinen als genereller Schutz. Silberlicht eignet sich zum Zurückwerfen der Energien, die du nicht absorbieren magst. (Vergewissere dich, daß die Energie, ohne Schaden anzurichten, im Universum verschwindet.) Du kannst dir auch vorstellen, daß du ganz und gar in Silber gehüllt bist. Sei so kreativ, wie du nur magst bei der Herstellung deines Schutzkreises. Hülle dich in einen Regenbogen, das schützt nicht nur, sondern macht den Geist heiter. Benutze rot, orange und gelb an kalten Tagen und blau und grün an warmen.

Die Umhüllung mit einem Lichtkreis macht dich einerseits empfänglich und läßt andererseits keine negativen Energien durch. Falls du mit einer Freundin arbeitest, die sehr niedergeschlagen ist, und du willst ihre Depression nicht übernehmen, ist es besonders wichtig, einen Schutzkreis zu errichten. Je mehr sich deine Sensitivität entfaltet, um so mehr Schutz wirst du brauchen.

Schutzkreise können um materielle Dinge wie dein Haus, Auto oder auch um Personen gezogen werden. Dabei verstärkst du einfach das natürlicherweise alles umgebende Energiefeld, das heißt die Aura.

Die Kreise zeigen ihren Schutz sichtbar und konkret. Bevor ich eines Nachmittags meine Wohnung verließ, habe ich wie immer einen Schutzkreis gezogen. Als ich spät am Abend zurückkehrte, war der Flur unter Wasser, weil ein Wasserrohr gebrochen war. Es war allerdings noch nicht bis zur Haustür gelangt. Im Keller war das Wasser auf alle möglichen dort aufbewahrten Dinge getropft und hatte sie durchweicht — es waren aber nur die Keller der anderen feucht, meiner blieb trocken. Bei einem

Urlaub in Kanada habe ich mein Auto mit einem Kreis geschützt. Bei der Rückfahrt habe ich den Schutzkreis allerdings vergessen. An diesem Tag ist das Verbindungskabel zum Gaspedal gerissen. Glücklicherweise war es ganz in der Nähe meines Zuhauses. Zunächst können solche Ereignisse noch wie „Zufälle" aussehen, doch je mehr sich solche „Zufälle" häufen, desto schwieriger werden sie als solche zu benennen sein.

Wenn du die Kreise erstmals benutzt, willst du dich vielleicht tiefer versenken. Schau den Kreis an und sage dir: „Dieser Kreis schützt mich vor allem Ungemach." Je mehr du mit deiner psychischen Arbeit fortschreitest, desto weniger mußt du dich versenken. Du kannst den Kreis immer dann erneuern, wenn du das Bedürfnis danach verspürst.

Falls du aus irgendeinem Grund einen stärkeren Schutz brauchst, empfehle ich dir folgende Technik: Entzünde drei weiße Kerzen und lege oder setze dich so hin, daß die Kerzen ungefähr dreißig Zentimeter von dir entfernt sind. Entspanne, versenke und zentriere dich. Sage dir: „Ich rufe die Kräfte des Universums, alles, was freundlich, liebevoll und gut ist. Insbesondere rufe ich meine Geistführerinnen, daß sie mir beistehen und ihre Energien auf mich übertragen. Ich umhülle mich mit einem wunderschönen Lichtkreis aus weißem, schimmerndem Licht. Dieses Licht bewahrt mich vor jeglicher Negativität. Nichts kann mich jetzt verletzen. So ist es. Ich lasse alle negative Energie los." Atme tief ein und atme so durch den Mund aus, als ob du eine Kerze ausbliesest.

Du kannst dich in Trance auch so schützen, daß du automatisch geschützt wirst, wann immer du das Wort „Kreis" aussprichst. Sobald du mit dir zu sprechen gewohnt bist, kannst du mit solchen Techniken anfangen. Je öfter du sie benutzt, desto besser werden sie wirken.

SICH EINEN ANGENEHMEN TRAUMRAUM SCHAFFEN

Du hast dich nun entspannt, versenkt, zentriert und geschützt. Der nächste Schritt besteht in der Schaffung eines angenehmen Traumraums, in dem du deine psychische und kreative Arbeit entfalten kannst. Du kannst dir diesen Traumraum jederzeit erschaffen, wenn du dich von der Außenwelt zur Innenwelt wendest. Hier zeige ich dir einige wunderschöne und heitere Räume, die ich benutzt habe.

Geh eine Wendeltreppe zu einem Fluß hinunter. Dort unten findest du ein Boot. Segle mit dem Boot davon, laß dich den Fluß hinuntertreiben, bis dein Boot am Rand einer Wiese angeschwemmt wird.

Fliege auf dem Rücken eines wunderschönen Vogels zum Gipfel eines Bergs.

Reite mit einem geflügelten Pferd durch die Wüste zu einer kühlen Oase.

Ein halbmondförmiges Boot führt dich durch einen langen Tunnel, und schließlich kommst du bei einer Grotte heraus.

Erklimme einen langen gewundenen Pfad, der dich zu einer Hütte auf den Gipfel eines Bergs führt.

Geh durch einen kühlen, feuchten Wald zu einer Lichtung, wo du dich neben einer sprudelnden Quelle erholen kannst.

Betritt die Höhlen in einem Hügel, geh durch ein Labyrinth der Zeit, bis du einen heilenden und ruhigen Ort erreichst.

Der Traumraum gehört dir: Du hast ihn erschaffen. Geh dorthin, wann immer du es wünschst. Triff deine Geistführerinnen dort. Geh in diesen Raum, wenn du Heilung brauchst. Kommuniziere mit deinem Ideal oder höheren Selbst. Nutze den Raum, um deine Probleme kreativ zu lösen. Heile und stärke dich durch Affirmationen. Betritt deine Träume und sprich mit den Figuren deiner Träume. Begib dich in den Traumraum und arbeite mit Gedankenprojektionen und kreativer Visualisierung. (All das wird später noch ausführlich erklärt.)

Im folgenden gebe ich ein Beispiel zur Entspannung, zum Finden der eigenen Mitte und zur Schaffung eines Traumraums. Alle Übungen fangen mit dem Satz an: „Entspanne, versenke und schütze dich."

■ ■ ■ ■ ■ ■ ■ *Entspannungsübung* ■ ■ ■ ■ ■ ■ ■

Lege dich nun bequem hin, schließe die Augen und entspanne. Dein Körper entspannt sich, du entspannst dich immer tiefer. Atme tief und schicke deinen Atem in die Zehen und Füße. Laß deinen Atem alle Spannungen lösen, wie eine Massage, und beim Ausatmen läßt du alle Spannungen hinwegströmen. Atme tief und schicke jetzt deinen Atem in die Knöchel. Laß deinen Atem wie eine Heilmassage alle Spannung dort lösen. Während du ausatmest, fließt die Spannung dahin. Atme tief und schicke deinen

Atem zu den Knien, laß ihn dort wie eine heilende Massage alle Spannungen lösen. Beim Ausatmen fließt die Spannung dahin. Atme tief und schicke deinen Atem in die Oberschenkel, wie bei einer Heilmassage werden alle Spannungen gelöst. Beim Ausatmen gibst du jegliche Spannung ab. Atme jetzt in die Geschlechtsorgane, tief entspannende Energie fließt in deine Geschlechtsorgane, alle Spannung wird weggewaschen. Atme in dein Gesäß, dein Atem löst wie eine Heilmassage alle Spannungen. Beim Ausatmen läßt du alle Spannung los.

Atme jetzt in deinen Bauch, all deine inneren Organe werden beruhigt und entspannt, jegliche Spannung fließt davon. Laß deinen Atem in den Brustkorb und die Brüste strömen, laß dich beruhigen, gib beim Ausatmen alle Spannung ab. Atme nun in den Rücken, wie eine heilende Massage löst dein Atem alle Spannungen, beim Ausatmen läßt du alle Spannung los. Tief entspannende Energie strömt durch deinen Rücken, jeder Wirbel wird dadurch an seinen richtigen Platz gerückt. Der heilende Atem strömt in alle Muskeln und Sehnen, du entspannst. Du bist vollkommen entspannt. Atme in deine Schultern und deinen Nacken. Dein Atem löst wie eine Heilmassage alle Spannungen, beim Ausatmen gibst du alle Spannung ab. Schultern und Nacken sind vollkommen entspannt. Tief entspannende Energie strömt in deine Arme, deine Oberarme, deine Ellbogen, deine Unterarme, deine Handgelenke, deine Hände und deine Finger. Atme wieder in Nacken und Schultern und entspanne. Du entspannst dich immer tiefer. Laß die entspannende Energie durch deinen Hals fließen, deine Lippen, dein Kinn, deine Wangen. Während du in dein Gesicht atmest, entspannen sich die Muskeln deiner Augen, deiner Stirn, deiner Kopfhaut. Jegliche Verspannung weicht von dir. Du bist entspannt, vollkommen entspannt.

Stell dir drei schlanke Bäume vor, sieh, wie die drei schlanken Bäume sich im Wind wiegen. Während du dich auf diese Bäume konzentrierst, wirst du wie die Bäume, fest geerdet. Du hast jetzt Wurzeln. Du bist sicher geerdet.

Dein Geist ist klar, entspannt und klar. Stell dir zwei wunderschöne Schmetterlinge vor. Während du dich auf die Schmetterlinge konzentrierst, wirst du wie die Schmetterlinge: leicht und frei. Du hast dich mit Flügeln ausgestattet, Flügel, die dir die Reise zwischen den Welten ermöglichen. Jetzt hast du Wurzeln und Flügel.

Um zum Reich der Psyche und Spiritualität zu gelangen, stell dir einen schwarzen Kessel vor. Während du diesen großen schwarzen Kessel anschaust, züngeln die Flammen immer höher. Warme, dicke Rauchwolken winden sich nach oben. Die Flammen werden langsam kleiner und dünner. Sie flackern kurz auf und verlöschen. Asche bleibt zurück. Ein Windstoß fegt darüber hinweg, und der Kessel ist klar. Im Innern bemerkst du eine warme, goldene Farbe. Sanft und golden. Während du hineinschaust, wirst du in diesem goldenen Glanz gebadet. Du selbst wirst golden und bist vor jeglichem Ungemach geschützt.

Laß dich jetzt zu deinem Traumraum gleiten: eine Wiese, ein Berg, ein Wald, die Küste — wo immer dein Geist sich frei und sicher fühlt. Geh jetzt zu deinem Traumraum. Du bist in dem Raum, du befindest dich in dem Raum, den du selbst erschaffen hast, in einem heiligen und besonderen Raum. In diesen inneren Welten entwickelst du die natürlichen psychischen und heilenden Kräfte. Hier bist du frei von Spannung und in Kontakt mit der ruhigen expansiven Kraft in dir. Hier in diesem Raum hast du Kontakt zu deinem Körper und kannst alles heilen. In diesem Raum gelangst du zu deinen psychischen und spirituellen Informationen und Energien. Hier ist der Raum, in dem du mit deiner Überseele, deinen Geistführerinnen sprechen kannst. Dein Schwingen ist im Einklang mit dem Schwingen des Universums. Weil du Teil der ganzen Schöpfung bist, hast du Zugang zur Kraft der Schöpfung. Hier bist du rein und frei.

Bleibe eine Zeitlang in diesem Raum. Wenn es für dich an der Zeit ist, laß los und kehre zu deinem Wachbewußtsein zurück. Halte für zwei Minuten inne. Du wirst entspannt, erfrischt und voller Energie zurückkehren. Jetzt kehrst du zurück, sanft und leicht. Öffne die Augen und strecke dich.

■　　■　　■

27

KAPITEL ZWEI

KLARWERDEN

Psychische und spirituelle Informationen erlangen wir nur, wenn wir zu einem klaren Kanal werden. Das bedeutet ein Loslassen persönlicher Gedanken, Gefühle, Glaubenssätze und Erfahrungen wie auch unbewußter Ängste, Sorgen und Wünsche. Das wird wahrscheinlich deine schwerste Aufgabe sein. Psychische Informationen stehen allen offen, wir müssen nur klarwerden, um sie zu empfangen.

Persönliche Gefühle können die Fähigkeit zur Aufnahme psychischer Informationen behindern. Wie kannst du nun lernen, persönliche Gefühle und Glaubenssätze beiseite zu lassen, damit du wirklich Botschaften aus der universellen Quelle empfängst und nicht nur dein Unbewußtes anzapfst? Je besser du dich kennenlernst, um so weniger wirst du dich vor dem an die Oberfläche drängenden Unbewußten in acht nehmen müssen. Wenn wir so lange um die Anerkennung unserer Gefühle gekämpft haben, ist es wichtig zu wissen, daß wir sie nur vorübergehend — für die Dauer der psychischen Arbeit — außer acht lassen. Sie werden nicht unterdrückt.

„Betrachtungen" und „Gezeitenströme" sind zwei angeleitete Phantasiereisen, die dich ermuntern, dich selbst wertfrei zu beobachten. Da die meisten von uns in einer Atmosphäre von Kritik und Konkurrenz heranwuchsen, fällt es uns schwer, uns wirklich nur anzuschauen — es könnte ja sein, daß wir nicht mögen, was wir sehen. Diese Übungen verlangen keinerlei Änderungen von dir — nur Selbstbeobachtung. Dein Selbstbewußtsein wird dadurch geschärft, die Erkenntnis, daß du vielfältig bist. Du bist heiter, aufregend und sympathisch — oder auch nicht, doch das bist alles du.

„Quellen der Frau" hat einen anderen Schwerpunkt. Diese Phantasiereise führt dich an die innere Quelle deiner Kreativität und Originalität. Diese Übung habe ich oft vor dem Schreiben angewandt, und sie war immer äußerst stimulierend.

Die „Jahreszeiten" verbinden dich mit deiner weiblichen zyklischen Natur. Deine Energie, wie die des Universums, wächst und schwindet immerzu. Wenn du dich mit deinem Energiestrom bewegst, wirst du in Einklang gelangen mit dem Fluß universaler Energie.

Mit dem „Höheren Selbst" kannst du dein ideales Selbst, dein tieferes Bewußtsein kennenlernen, das schon immer existierte. Das Höhere Selbst oder die Überseele befindet sich auf der Astralebene. Kommst du damit in Berührung, wirst du ein Wissen und eine Bewußtheit erlangen, die dir in deiner gewöhnlichen Realität nicht zugänglich sind. Dieses Selbst erfährst du in Träumen, Meditation und geleiteten Phantasien.

Dieses Höhere Selbst könnte auch Stimme der Seele genannt werden. Es sollte nicht mit der inneren Ich-Stimme verwechselt werden, die wir durch Erziehung, Eltern und andere Autoritäten verinnerlicht haben. Die Stimme der Seele ist liebevoll und spricht nie von „sollen". Diese innere Stimme wird in einer Gesellschaft, die Wert auf äußere Autoritäten legt, oft vernachlässigt. Kindern wird beigebracht, nicht auf sich selbst zu vertrauen, sondern daß es immer jemanden gibt, der älter, weiser, stärker ist als sie.

Es bedarf schon einiger klärender Übungen und Praktiken, um mit dem Höheren Selbst in Berührung zu kommen. Übe Versenkung und Konzentration, sowie einige heilende und kreative Visualisierungen als Vorbereitung. Denk daran: hast du es bereits zweimal erfolglos probiert, heißt das lediglich, daß du mehr üben solltest. Laß dann diese Übungen erst einmal weg und wage dich zunächst an andere. Geduld ist ganz wichtig. Klavier spielt man ja auch noch nicht nach zwei Stunden. Also vertrau dir selbst und geh in einem leichten, angenehmen Schritt vorwärts.

■ ■ ■ ■ ■ ■ ■ ■ ■ *Spiegelung* ■ ■ ■ ■ ■ ■ ■ ■ ■

Entspanne, versenke und schütze dich. Begib dich zu einer Wiese. Ganz leicht gehst du dahin oder befindest dich plötzlich in einer Wiese, allein an einem warmen Sommertag. Eine sanfte Brise weht, während du durch die Wiese gehst und dich an der Wärme der Sonne erfreust und den Wind auf der Haut spürst. Spüre, wie das Gras an deine Beine streicht, rieche Geißblatt und Klee. Lausche dem Gesang der Vögel und spüre die Einheit. Sei eins mit allem, was ist.

Nachdem du so eine Weile gegangen bist, kommst du an einen See, einen ruhigen kleinen See. Du rastest an dem See, schaust über das klare, blaue Wasser. Und in diesem Wasser siehst du ein

Bild: Dein Gesicht spiegelt sich in diesem See. Und während du dein Spiegelbild betrachtest, beginnt es sich zu bewegen und zu verändern. Bei jeder Bewegung und Veränderung tauchen andere Aspekte von dir auf, andere Teile deiner Persönlichkeit scheinen durch. Du entsteigst dem Du, das vor dem existierte, das jetzt deinen Namen trägt. Betrachte diese Veränderungen. Beobachte und lerne. Jeder Wechsel enthüllt einen anderen Teil von dir. *Verweile fünf bis zehn Minuten.*

Und nun hörst du wieder meine Stimme, die dich vom See zurückruft, zurück über die Wiese. Kehre behutsam zurück in den Raum und bringe dieses neue Bewußtsein deiner selbst und deiner Vielfalt mit. Kehre klar, bewußt und voller Energie zurück. Öffne die Augen und strecke dich.

■ ■ ■

■ ■ ■ ■ ■ ■ ■ ■ ■ *Gezeiten* ■ ■ ■ ■ ■ ■ ■ ■ ■

Entspanne, versenke und schütze dich. Du gehst tiefer und tiefer, bis du in das Reich der Intuition, der Bilder und Vorstellungen kommst. Du gelangst zu einem einsamen Küstenstreifen und schreibst deinen Namen in den Sand. Du siehst, wie die Wellen ihn wieder wegwaschen, bis du so tief bist, wie du möchtest. *Verweile etwa zwei Minuten.*

Du gehst diesen einsamen sonnigen Strand entlang und hörst den Wellen zu, wie sie auf den Sand klatschen. Du riechst das Salz in der Luft, hörst den Schrei einer Möwe und fühlst die Wärme der Sonne auf deinem Körper. Heiterkeit und Frieden breiten sich aus. Du spürst, daß alles eins ist und du eins mit allem bist. *Halte eine Minute inne.*

Nun rastest du an einem wunderschönen kleinen Priel. Hier ist das Wasser flach und still. Du betrachtest die Korallen und die hübschen Seeanemonen.

Während du dich über den Teich beugst, spiegelst du dich im Wasser. Du erkennst dein Selbst in vielen Dimensionen: Dein Selbst ist freundlich und lieb, voller Haß und Grausamkeit, sorgend und gleichgültig, böse und friedlich, froh und traurig, schwach und stark. Hier außerhalb der Zeit siehst du dich selbst gespiegelt, und diese Spiegelung zeigt dir alles, was du bist. *Halte zwei Minuten inne.*

Schau dann noch genauer hin und konzentriere dich auf deine Begrenzungen, deine Schwächen. Du siehst die Verhaltensweisen, die du verändern möchtest. Du siehst, wo deine Energie blockiert ist; siehst, wo du verletzt und ängstlich, einsam und traurig bist. Du bemerkst und akzeptierst all dies, weil du das sichere Wissen hast, daß du eine starke Person bist. *Halte zwei Minuten inne.*

Dann tauche deine Hände ins Wasser und spritze herum, spritze und spritze, bis die Bilder sich auflösen.

Dann ist das Wasser wieder ruhig, kristallklar und sehr still. Wieder lehnst du dich über den Rand und siehst deine Spiegelung. Jetzt siehst du all deine Stärken. Sieh, wo deine Energie fließt, klar und ununterbrochen. Sieh deine Fähigkeiten und dein Feingefühl, deine Freuden und deine Erfolge. Sieh die Verhaltensweisen, die dir Frieden und Zufriedenheit bringen. Sieh dich so, wie du zu sein wünschst, und du *bist* es — einfach durch deine Intention. *Verweile zwei Minuten.*

Zu deiner Verwunderung wird der Teich jetzt immer größer und tiefer, so tief, daß du hineintauchen kannst, und das tust du dann auch. Tauche in den Teich und verschmelze mit deinem starken Selbst in dem Wissen, daß es deine Kraft ist, daß du die Kraft hast, zu erschaffen, die Kraft der Vorstellung. Diese Vorstellung ist die Essenz der Göttin, die durch dich fließt. *Verweile zwei Minuten.*

Nachdem du mit deinem starken Selbst verschmolzen bist, erhebst du dich aus dem Wasser, kommst aus der Trance und kehrst wach und erfrischt zur Realität zurück. Öffne die Augen und strecke dich.

■ ■ ■

„Spiegelung" und „Gezeiten" sind Übungen, die du vielleicht mit einer Freundin machen magst, die dich führen kann. Du kennst dich, und wenn du das Gefühl hast, daß irgend etwas weniger Angenehmes durch diese Übungen aufgewühlt wird, fühlst du dich möglicherweise sicherer mit einer Begleitung. Suche dir eine Person deines Vertrauens, die dich aus einer schmerzhaften Erfahrung herausführen kann, falls dies notwendig werden sollte. Um jemanden aus einer schwierigen Erfahrung herauszuholen, kannst du folgendes sagen: „Dieses Bild verschwindet ganz schnell; es hat sich aufgelöst, und du bist sicher, frei und entspannt." Vielleicht magst du auch dies sagen: „Ich zähle jetzt von fünf bis eins, und wenn ich bei eins angelangt bin, ist das Bild mit all seinen Gefühlen verschwunden. So ist es." Dann zähle, falls notwendig, wiederhole das Zählen. Selbst wenn du dann aus der Trance heraus bist, ist es gut, Bilder und Gefühle mit der Freundin zu teilen.

Du kannst die Übungen auch abändern und nur den Teil wählen, wo du mit deinem starken Selbst verschmilzt. Das macht gelöst und erinnert uns an unsere positiven Eigenschaften. Du kannst dieses Bild auch dazu benutzen, eine neue, noch nicht entfaltete Eigenschaft in dir zu entwickeln. Sieh dein Selbst mit dieser Eigenschaft, dann verschmelze mit diesem Selbst. Wenn du deine Vorstellungskraft in dieser Weise schulst, wirst du einen inneren Wandel einleiten, der sich eines Tages in der Realität manifestieren wird.

■ ■ ■ ■ ■ ■ ■ ■ *Quellen der Frau* ■ ■ ■ ■ ■ ■ ■ ■

Entspanne, versenke und schütze dich. Du befindest dich in einem Wald, einem kühlen, dunklen Wald. Dieser Wald ist seltsam magisch. Du gehst allein, hörst keinen Ton, bis auf das gelegentliche Knacken im Unterholz und deinen sanften Atem. Hier und dort ist die Dunkelheit vom Licht der Sonnenstrahlen durchbrochen, die tanzende Muster vollführen, wenn sie durch die Bäume scheinen.

Plötzlich trittst du auf eine kleine Lichtung. Inmitten der Lichtung befindet sich eine sprudelnde Quelle. Du kniest dich hin und kostest das köstliche Wasser. Während du dich über die Quelle beugst und das kühle, klare Naß schlürfst, fühlst du, wie dein Bewußtsein hinabgezogen wird, immer tiefer: Dein Bewußtsein wird tief zu den Quellen der Frau gezogen.

Geh hinunter, immer tiefer zu den Quellen der weiblichen Wasser, der ewigen Quelle, die tiefer ist als deine Bedürfnisse. „Es gibt keine Enttäuschung. Frauenwasser, Smaragd in Bewegung, von grüner, reiner Farbe wie ein Blatt, du liebst die nasse Schönheit, die Schönheit des Wassers, immer wirst du dich selbst lieben."* *Verweile etwa zwei Minuten.*

Das Bewußtsein wirbelt herum und wird immer tiefer, steigt tief in die Quellwasser: Hier wirst du all deine Stimmen hören, wie sie sich in das Frauenwasser ergießen. Es sind die Stimmen

* Von Sue Silvermarie; „River at Nantasket", in *Letters of a Midwife*, Milwaukee, Wisconsin 1975.

deiner Kreativität. Sie entstammen deiner Seele, deiner Psyche, dem tiefsten Zentrum deiner Originalität. *Verweile etwa fünf Minuten.*

Du gehst immer tiefer, tauchst tief in deine Kreativität ein, deine Stimme, deine Visionen, und du nimmst dir, was du brauchst, da du weißt, daß die Quelle ewig ist. *Verweile fünf Minuten.*

Die Stimmen verklingen, die Bilder verschwimmen. Dein Bewußtsein wirbelt herum, steigt auf und zurück, wirbelt wieder herum und bringt dich in deine gewöhnliche Realität. Beim Zurückkehren bringst du die Stimmen und Visionen mit. Du kehrst vollkommen wach und voller Energie zurück. Öffne die Augen und strecke dich.

■ ■ ■

■ ■ ■ ■ ■ ■ ■ ■ *Jahreszeiten* ■ ■ ■ ■ ■ ■ ■ ■

Entspanne, versenke und schütze dich. Als Frau hast du Kontakt zu den Zyklen der Natur, du bist eng verbunden mit den Gezeiten, mit Ebbe und Flut, mit zunehmendem und abnehmendem Mond. Du kennst Erde und Materie und tauchst immer tiefer hinein. Geh so tief hinein, daß du all die Rhythmen und Zyklen der Natur und unseres Planeten Erde spürst.

Du erlebst das Kommen und Gehen der Jahreszeiten: Harmonie und Richtung, Spontaneität und Kontinuität, die sich ständig erneuernde Balance. Du erlebst dies sowohl universell als auch persönlich.

Es ist Frühling: Persephones Wiederkehr, die Erde füllt sich mit freudiger Erwartung. Alles erwacht zu neuem Bewußtsein, freudig wird das neue Leben erwartet. *Verweile drei Minuten.*

Es ist Sommer: Reifezeit, die kommende Ernte, die Zeit der Kornmütter, die starke Sinnlichkeit des Sommers. *Verweile drei Minuten.*

Es ist Herbst: Ernte. Die Tage werden kürzer und kälter. *Verweile drei Minuten.*

Es ist Winter: Die Göttin legt ihr Winterkleid an. Verfall und Sterben, Kälte und Sterben. Erkenne dein eigenes Sterben. *Verweile drei Minuten.*

Wieder kommt der Frühling: Wiedergeburt, die Freude und Erfahrung, daß das Leben weitergeht. Spüre Ebbe und Flut in dir, erkenne, daß du Mädchen, Mutter und Alte bist. *Verweile drei Minuten.*

Jetzt laß deine Energie sanft und wellenförmig fließen. Sie trägt dich zurück in deine Realität. Du bist vollkommen wach und voller Energie. Öffne die Augen und strecke dich.

■ ■ ■

■ ■ ■ ■ ■ ■ ■ *Das Höhere Selbst* ■ ■ ■ ■ ■ ■ ■

Entspanne, versenke und schütze dich. Geh immer tiefer nach innen. Ich zähle von zehn bis eins, und wenn ich bei eins ankomme, wirst du ganz tief sein, ganz, ganz tief. *Zähle.*

Du bist nun in tiefer Trance, du gehst in dein größeres Bewußtsein, in dein Höheres Selbst. Spüre, wie dein Bewußtsein sich erweitert. Du bist sehr leicht und sehr frei. Du wächst, strahlst, erweiterst dich und gelangst ganz leicht in dein größeres Bewußtsein, zur Essenz der Göttin. Aus dieser größeren Perspektive erhältst du ein Wissen und eine Erfahrung, die dir gewöhnlich in deiner üblichen Realität nicht so leicht zugänglich sind.

Nun siehst du, wie du dein Leben gestaltest. Du wirst dir deiner selbst bewußt, erkennst die Ziele deiner Seele, und du wirst dieses Wissen und diese Bewußtheit in deine gewohnte Realität integrieren können. Behalte diese Perspektive bei und betrachte dein Leben liebevoll und spontan. *Verweile fünf bis zehn Minuten.*

Bei der Rückkehr zu deinem Wachzustand bringst du alles mit, was du bekommen hast. Wisse, daß du jederzeit mit diesem Aspekt deiner selbst Kontakt aufnehmen kannst. Öffne die Augen und spüre die Energie.

■ ■ ■

In der Trance werden Gefühle leicht zugänglich. Sobald du dich entspannen kannst, werden unterdrückte und verleugnete Gefühle an die Oberfläche kommen, was manchmal schmerzhaft sein kann. Erlaube deinen Gefühlen hervorzukommen. Sie werden durch dich hindurchfließen, wenn du es nur zuläßt. Achte auf die Empfindungen deines Körpers, wenn die Gefühle sich äußern. Achte auf Wörter oder Bilder, die in deinem Kopf auftauchen. Laß dich ein. Folge den Bildern wie einem Schauspiel.

Denk daran, daß du keine Kritikerin bist, sondern eine Zuschauerin. Beobachte alle auftauchenden Gefühle und laß sie fließen und strömen. Das Loslassen von Gefühlen ist ein immerwährender Prozeß, der mit der Anerkennung der Gefühle überhaupt seinen Anfang nimmt.

Zunächst mußt du deine Gefühle erkennen und dann akzeptieren. Das bedeutet nicht, von den Gefühlen abhängig zu werden, sondern lediglich zuzugeben, daß wir Gefühle haben und daß sie zu uns gehören. Dann kannst du sie loslassen. Bestimmte Gefühle wie Ärger beispielsweise werden von vielen Leuten nicht akzeptiert. Um so schwerer sind diese dann zu erkennen und als zu sich gehörig zu betrachten. Untersuchen wir also einmal das Gefühl des Ärgers: entspanne, versenke und schütze dich. Geh in deinen Traumraum und stelle dir die Frage nach Ärger. Fühlst du dich manchmal ärgerlich? Was macht dich ärgerlich? Wie drückst du deinen Ärger aus? Schreist du, ziehst dich zurück, wirst sarkastisch, bemitleidest dich selbst? Welche Ängste hast du, deinen Ärger auszudrücken? Wie wurde mit Ärger in eurer Familie umgegangen? Was sind deine Glaubenssätze über Ärger? Denkst du, daß Ärger schlecht ist, zerstörerisch, unzivilisiert oder etwas anderes? Erinnere dich eines Moments, in dem du ärgerlich warst. Wann war das? Wer war daran beteiligt? Hast du deinen Ärger sofort bemerkt oder erst viel später? Hast du ihn ausgedrückt? Wie? Achte einmal darauf, ob es bestimmte Zeiten, Orte oder Menschen gibt, die dich ärgerlich machen. Dann wische diese Bilder aus und stell dir eine neue Situation vor, in der du ärgerlich wirst. Erlaube dir, deinen Ärger auszudrücken, ohne dein Verhalten zu zensieren. Dann laß all diese Bilder los und kehre zu deinem üblichen Bewußtsein zurück.

Wenn du deinen Ärger beispielsweise in einer dir unangemessenen Weise ausgedrückt hast, wenn du viel zu stark reagiertest und Dinge sagtest, die du später bereut hast, dann bist du dir jetzt darüber klar geworden. Versuche, dich nicht zu kritisieren, sondern bejahe dein Recht, ärgerlich zu werden. Du wirst lernen, ihn angemessen auszudrücken. Auf der psychischen Ebene kannst du mit unterstützenden Affirmationen arbeiten, z. B.: „Ich kann meinen Ärger offen und direkt ausdrücken."

Auch in Trance kannst du dir vorstellen, wie du deinen Ärger angemessen ausdrückst. Entspanne, versenke und schütze dich. Dann stell dir vor, wie du deinen Ärger angemessen ausdrückst. Du könntest beispielsweise zu deiner Mitbewohnerin sagen: „Es ärgert mich, wenn du den Abwasch einfach stehenläßt. Bitte spüle deine Sachen selbst ab." Stell dir dies für einige Minuten vor und kehre dann zu deinem Alltagsbewußtsein zurück. Diese Technik — kreative Visualisierung — ist eine wunderbare Methode, Verhaltensmuster zu ändern.

Selbstvertrauen zu entwickeln dauert seine Zeit, genauso das ehrliche und direkte Ausdrücken von Gefühlen. Spontane Handlungen werden dir in dem Maß gelingen, wie du dir selbst vertraust, auf die gegenwärtige Situation reagierst und nicht irgendwelchen unbewußten unterdrückten Gefühlen nachgibst. Sobald du so handelst, wirst du nicht mehr von deinen Gefühlen beherrscht. Du wirst dir ihrer bewußt sein, sie akzeptieren und selbst entscheiden, wann und wie du sie angemessen ausdrücken kannst.

Deine Gefühle sind nicht du, sie sind deine physischen und geistigen Antworten auf Menschen und Situationen. Die Gefühle sollten durch dich hindurchfließen. Wenn du dich an deine Gefühle klammerst oder sie unterdrückst, werden sie aufgestaut und blockieren den freien Fluß der Energie.

Furcht ist die Wurzel aller negativen Emotionen. Gier, Neid, Haß — sie alle entspringen der Furcht. Das Gegenteil von Angst ist Liebe. Liebe ist die konstante, alles durchdringende Kraft, die das Universum zusammenhält. Je weniger ängstlich du bist, desto größer wird deine Fähigkeit, Liebe zu geben und zu empfangen. Wenn du liebst, erlaubst du der universellen Kraft, ungezwungen durch dich hindurchzufließen, und du wirst stark und mächtig. Wenn du diese universelle Energie verstehst und mit ihr dahinfließt, kannst du wirklich geben, ohne dich jemandem aufzuzwingen, und du kannst empfangen, ohne gierig zu werden.

Oft heißt es, daß ein wenig Angst nicht schaden kann; denn hättest du beispielsweise keine Angst vor einem Autounfall, würdest du die Straße überqueren, ohne nach links und rechts zu schauen. Hier bedarf es aber der *Vorsicht* und nicht der Angst. Vorsichtig zu sein ist sinnvoll. Angst jedoch ist sinnlos. Angst verspannt und blockiert die Energie. Angst loszulassen, heißt nicht, den gesunden Menschenverstand beiseite zu lassen. Es bedeutet nicht, daß du in einen Lastwagen hineinrennst, weil du keine Angst mehr davor hast. Du mußt dir deiner Grenzen schon bewußt werden. Wenn du einen Zaun siehst, kannst du drumherum gehen, darüber klettern oder drunter durchkriechen. Aber du kannst nicht hindurchgehen, jedenfalls nicht mit dem physischen Körper.

In Trance kannst du dich von deinen Ängsten befreien. Entspanne, versenke und schütze dich. Dann geh in deinen Traumraum. Frage dich: „Wovor habe ich Angst?" Warte auf Bilder. Beschwöre die Bilder klar herauf und erlebe sie, erkenne deine inneren Ängste. Dann löse langsam die Bilder auf, indem du sie ausradierst (mit einem Riesenradiergummi, wenn du magst), oder verwandle sie in liebevolle freundliche Bilder. Du kannst zum Beispiel einen wilden Löwen in ein sanftes Kätzchen transformieren. (Denk daran, daß wir mit der symbolischen Transformation von furchterregenden Bildern arbeiten. Ich sage nicht, daß du beim tatsächlichen Angriff eines Löwen deine Augen schließen und dir ein Kätzchen vorstellen sollst.) Versichere dich, daß die Furcht verwandelt ist, und du wirst durch sie nicht mehr nachteilig beeinflußt.

Eine andere Übung zum Freisetzen von Ängsten und schmerzhaften Erfahrungen ist das *Loslassen.* Mit dieser Übung kannst du die Erfahrungen einer Stunde, eines Tages oder einer Woche ausradieren. Hast du eine sehr traumatische Erfahrung gemacht, mußt du vielleicht mehrmals daran arbeiten. Es wird eine Zeit dauern. Vielleicht mußt du die Übung wiederholen. Bei jedem Mal wirst du mehr Schmerz loslassen und klarer werden. Jede Person hat schmerzhafte Erinnerungen, aber die muß sie noch lange nicht ständig mit sich herumschleppen. Diese Übung kann allein oder mit Hilfe einer vertrauensvollen Freundin gemacht werden.

■ ■ ■ ■ ■ ■ ■ ■ *Loslassen* ■ ■ ■ ■ ■ ■ ■ ■ ■

Entspanne, versenke und schütze dich. Reise zu deinem Traumraum. Dort kannst du jenen Tag wiedererstehen lassen, der für dich so schwierig war. Beschwöre jeden Gedanken herauf, jede Handlung, jedes Wort, das du bereust. Sieh alles ganz klar. *Verweile drei bis fünf Minuten.*

Jetzt sieh dir die Bilder an, eins nach dem anderen, und beobachte, wie sie immer kleiner werden. Laß die Bilder immer kleiner werden. Sie lösen sich auf, bis sie nicht mehr existieren. Dieses Bild hat keine Macht mehr über dich. Es kann dich nicht verletzen und in keiner Weise behindern. Es ist aufgelöst, hinweggeschmolzen, vollkommen ausradiert.

Dann beschwöre jedes Wort, jede Handlung, jeden Gedanken herauf, alles, was du schön fandest und für wichtig hältst; alles was du positiv findest. Beschwöre jeden glücklichen Gedanken herauf, das Lächeln, angenehme Erfahrungen. Und laß diese Bilder wachsen. Sie werden immer größer, sie überfluten dein Bewußtsein. Du badest dich in der Freude dieser Erinnerung. *Verweile drei bis fünf Minuten.*

Die positiven Erfahrungen wachsen und entwickeln sich. Sie gehören für immer zu dir. Schwimme in diesen Bildern. Erinnere dich ihrer, stelle sie wieder her und freu dich daran. Sie werden für immer ein Teil von dir sein.

Wenn du soweit bist, kehre zu deinem Alltagsbewußtsein zurück, frei von Angst und Furcht, voller Energie und Liebe. Laß dir Zeit. Öffne die Augen und strecke dich.

■   ■   ■

Ich benutze drei Bilder, um Gefühle loszulassen und blockierte Energie zu lösen: „Strudel", „Wasserfall" und „Den Mantel der Negativität abwerfen".

■ ■ ■ ■ ■ ■ ■ ■ ■ *Strudel* ■ ■ ■ ■ ■ ■ ■ ■

Entspanne, versenke und schütze dich. Stell dir vor, du bist an einer wunderschönen Quelle. Du tauchst in dieses Wasser und findest es warm und einladend. Das Wasser ist nicht tief und geht dir im Sitzen nur bis zu den Schultern. So sitzt du also und entspannst dich in diesem warmen Wasser. Das Wasser fängt an zu blubbern und zu sprudeln. Sprudelnd und wirbelnd überflutet dich das Wasser. Du fühlst, wie sich deine Muskeln entspannen, immer mehr entspannen. Das Wasser sprudelt und wirbelt, und du läßt los, du läßt Spannung und Schmerz los. Das Wasser wäscht alle Ängste weg, alle Sorgen. Wärme und Bewegung des Wassers beruhigen und entspannen dich. Du läßt alle Spannung los. Laß dich vom sprudelnden Wasser beruhigen und heilen. Wenn du soweit bist, schwimmst du hinauf und kehrst in dein Alltagsbewußtsein zurück. Du bist entspannt, ruhig und ruhst in deiner Mitte.

Entspanne, versenke und schütze dich. Du befindest dich nun am Fuß eines Berges. Geh langsam hinauf, und während du diesen schmalen, gewundenen Bergpfad hinansteigst, bemerkst du Schwere, Müdigkeit, Ärger, Schmerz, Sinnlosigkeit. Du gehst langsamer und erkennst die Lasten, die du schleppst, Lasten, um die du nicht gebeten hast, die du aber trotzdem trägst. Während du so hinansteigst, wird die Sonne immer wärmer. Du gehst weiter und findest eine kleine Felsspalte, an der du dich ausruhst. Plötzlich entspringt dort Wasser, wird immer mehr, fließt die Felsen hinab. Du legst deine Kleider ab. Nun spürst du das klare, kühle Wasser auf deinem Körper. Der sanfte Wasserstrom wäscht all deine Ängste hinweg, all deine Sorgen und deine Furcht. *Verweile etwa zwei Minuten.*

Wenn du aus dem Wasserfall heraustrittst, läßt du dich von der Sonne trocknen. Sonnenlicht überflutet dich nun und füllt jede Zelle deines Körpers mit Licht, bis du dich leicht, erfrischt und erneuert fühlst. Wenn du soweit bist, kehrst du zu deinem Alltagsbewußtsein zurück und bist entspannt, erfrischt und energiegeladen.

■ ■ ■

Entspanne, versenke und schütze dich. In deinem zeitlosen Raum wirst du dir der Kleidung bewußt, die du trägst. Es ist ein dunkler, schwerer, schwarzer Mantel. Dieser dunkle Kapuzenmantel ist der Mantel deiner Negativität. Er symbolisiert all die negativen Gedanken, Gefühle und Erfahrungen, die du mit dir herumschleppst. Spüre, wie schwer er ist. Werde dir des Mantels bewußt, fühle das Gewicht auf deinen Schultern, dein ganzer Körper ist in Negativität und Zweifel gehüllt. *Verweile eine Minute.*

Und jetzt spüre, wie sich der Mantel langsam von deinem Körper löst und damit Negativität und Verzweiflung schwinden. Der Mantel ist verschwunden.

Deine Aufmerksamkeit wird von einem Brunnen angezogen, einer unglaublichen Fontäne voll Licht. Das schimmernde Licht strömt über und verteilt sich. Das Licht fällt herab, ein Sternenregen, Tausende kleiner Sterne fallen auf dich herab.

Der ganze Raum ist von strahlendem Licht erfüllt.

Du bemerkst, daß du in ein neues Gewand gekleidet bist. Es ist ein durchscheinender Mantel aus Licht — aus den Sternen gewebt; du trägst dieses Gewand der Liebe, Freude und des Schutzes. Es symbolisiert deine weibliche Seele, die liebevollen Verbindungen, die du spürst und siehst. Trage es von nun an für immer. Wenn du soweit bist, erhebe dich, geh zurück in dein Wachbewußtsein: Du bist voller Licht und Liebe.

■　■　■

MEDITATION

Meditation ist eine bewußte Tätigkeit. Dabei beruhigst du den Geist, indem du den Fluß der Gedanken und Bilder unterbrichst. Sie reinigt den Geist von allen Ängsten und eröffnet neue Quellen der Kreativität und Energie. In der Meditation verbindest du das persönliche Selbst mit dem universellen Selbst. Du bringst deinen Atem mit dem großen Atem in Einklang. Jedesmal, wenn du entspannst und dich immer mehr sammelst, bewegst du dich jenseits der offensichtlichen Dualität des Kosmos.

Affirmationen, Mantras, Atemkontrolle und Bewußtheit sind wertvolle Hilfen für die Meditation. Affirmationen sind positive Sätze, die deine Gesundheit bekräftigen, deine Stärke und Weisheit. Sie werden ständig wiederholt, am besten in Trance. Mantras sind Wörter oder Silben, deren Rhythmus und Ton einen anderen Bewußtseinszustand herbeiführen. Du fängst damit an, daß du den Ton formst (chanten); langsam wird das Tönen vergeistigt und im Geist beständig wiederholt. Atemkontrolle erreichst du durch bestimmte Atemübungen, wie sie im dritten Kapitel beschrieben werden.

Um zu meditieren, mußt du zunächst deine Konzentration stärken. Entspanne und versenke dich, indem du Kommen und Gehen deines Atems wahrnimmst. Richte deine Aufmerksamkeit auf ein einzelnes Bild, beispielsweise eine flackernde Kerze. Es hilft enorm, eine Kerze tatsächlich brennen zu lassen, aber du kannst sie dir auch nur vorstellen. Wenn du eine richtige Kerze benutzt, richte deine Aufmerksamkeit für eine Minute auf diese Kerze, dann schließe die Augen und erschaffe die Kerze vor deinem inneren Auge. Stell dir vor, wie die Energie der Flamme in dir lodert. Werde dir deiner Energie bewußt, die so hell brennt wie die Kerze, als ewige Flamme. Tauchen andere

Gedanken auf, schick sie weg und richte deine Aufmerksamkeit erneut auf die Kerze.

Es kann eine Weile dauern, bis du dich so konzentrieren kannst. Selbst wenn du glaubst, daß es nicht funktioniert, wiederhole die Übung täglich für wenige Minuten. Wenn du jeden Tag zur gleichen Zeit üben kannst, wird sich dein Geist um so besser daran gewöhnen. Übe am Anfang nur wenige Minuten, vielleicht drei bis fünf Minuten. Damit sich eine Gewohnheit entwickeln kann, mußt du deinen Rhythmus finden. Sobald du dich also daran gewöhnt hast und dich erfolgreich konzentrieren kannst, wirst du automatisch länger üben. Willst du aber gleich mit zwanzig, dreißig Minuten anfangen, wirst du mutlos werden, weil es dir irgendwann zuviel ist, und deine guten Vorsätze werden im Wind verwehen.

Zum Meditieren solltest du dich bequem hinsetzen und den Rücken gerade halten. Wenn du auf einem Stuhl sitzt, stelle die Füße fest auf den Boden. Du kannst dich auch mit gekreuzten oder ausgestreckten Beinen auf den Boden setzen. Der Lotus- oder halbe Lotussitz ist zur Meditation nicht unbedingt notwendig. Da Menschen im Osten seit Generationen so sitzen, erscheint es ihnen angenehm. Sie hatten keine Stühle, und mit gekreuzten Beinen oder im Lotussitz konnten sie ihre Wirbelsäule gerade halten. Du kannst ebenso erfolgreich in anderen Positionen meditieren, so lange du dich gut dabei fühlst und deine Wirbelsäule gerade bleibt. Du kannst dein Kinn sanft nach unten drücken und die Aufmerksamkeit auf den Punkt zwischen den Augenbrauen, der auch Sitz des Dritten Auges genannt wird, richten. Dort befindet sich das Zentrum deiner Intuition. Es ist der Ort, an dem bewußtes und unbewußtes Wissen sich treffen.

Du sitzt nun in Meditationshaltung. Entspanne dich, hole tief Atem. Wähle ein Bild, eine Affirmation oder ein Mantra und wiederhole dies geistig. Konzentriere dich nur darauf und auf sonst nichts. Wenn die Gedanken anfangen zu wandern, bringe sie immer wieder zurück. Nach fünf bis fünfzehn Minuten kehrst du zurück zu deinem Alltagsbewußtsein. Laß dir genügend Zeit dafür. Steh nicht zu schnell auf, es könnte dir schwindlig werden.

Ich fand folgende Bilder hilfreich bei der Meditation: die Kerzenflamme, eine Rose, ein stiller See, die Wellen des Ozeans, ein Sternenregen, Mondlicht über dem Wasser, eine Bergspitze. Am liebsten meditiere ich über Farben. Dabei stelle ich mir alle Farben des Regenbogens vor — rot, orange, gelb, grün, blau, indigo und violett. Diese Farben stelle ich mir nacheinander einzeln vor, und wenn ich bei violett angelangt bin, löse ich alles auf und fange wieder von vorn an. Manchmal ziehe ich die Farben durch die Chakren (siehe drittes Kapitel): Ich beginne beim Wurzelchakra mit Rot und gehe hinauf zum Kronenchakra, wo ich mit Lila aufhöre. Dann fange ich wieder von vorn an.

Zu anderen Zeiten achte ich beim Meditieren auf meinen Atem und auf die Empfindungen meines Körpers. Atemmeditationen dauern bei mir zwischen zwanzig und sechzig Minuten. Eine solche Meditation wirkt sehr erdend, befaßt du dich doch dabei jeden Moment mit deinem Körper. Wenn der Geist wandert, wird er zurück zum Atmen gebracht.

Auf meine Atmung achtend, beobachte ich die Art des Atems, die Länge und Dauer. Ich nehme wahr, wie die Luft durch die Nasenlöcher in den Gaumen strömt und von da in die Lungen und zum Zwerchfell. Mein Bewußtsein umkreist meinen Körper, wobei ich beim Kopf anfange und jegliche Bewegung und Veränderung im Innern des Körpers beachte. Je tiefer ich gehe, desto mehr werden mir die feinstofflichen Veränderungen bewußt.

Klare und konzentrierte Beobachtung des Atems gewährt dir Einblicke in dein Verhalten. Klammerst du dich beispielsweise an die Einatmung oder kämpfst du mehr um die Ausatmung? Ist in deinem Alltag das Verhaftetsein prägender, oder erschöpfst du dich eher beim Loslassen, um mehr zu erfahren, ständig weiterzugehen? Welche Streiche spielt dir dein Geist? Wandert deine Aufmerksamkeit? Verweilst du in der Vergangenheit, oder flüchtest du in die Zukunft? Rast dein Geist, oder wirst du eher schläfrig und müde? Welche Gefühle tauchen auf? Es kann anstrengend werden, mit all den Gefühlen zu sitzen — doch ist Sitzen mit den Gefühlen nicht dasselbe, wie auf den Gefühlen sitzen und sie unterdrücken.

Werde dir all dieser Dinge während der Meditation bewußt. Versuch nicht, sie zu ändern, achte lediglich auf sie. Durch geduldiges und regelmäßiges Üben wirst du erkennen, daß diese Art der Wahrnehmung zur Akzeptanz und Zentrierung des Selbst führt.

Hier sind einige Affirmationen für die Meditation: „Alles ist eins, und ich bin Teil davon." „Ich habe die innere Harmonie gefunden, die durch mich hindurchfließt, durch meinen Körper und meinen Geist." „Golden fließt der Geist durch mich, und in diesem Geist werde ich leben." „Es gibt ein Gleichgewicht von Zeit und Richtung." „Ich weiß, ich bin da, wo ich hingehöre."

„Wir alle sind eins, die Kraft der Liebe hält uns zusammen."

Manchmal benutze ich auch Mantras aus dem Kundalini Yoga. Ich habe sie für meine Bedürfnisse leicht abgewandelt. Ich liebe die Tonschwingung und verspüre dabei große Energiekonzentrationen. Falls dir Mantren zu mystisch oder magisch-fremd vorkommen, vergiß sie; es gibt viele andere Affirmationen, die du benutzen kannst, es müssen keineswegs Mantras sein.

Das tibetische *Om mani padme hum* war mein erstes Mantra. *Om* kann auch aum ausgesprochen werden. Es ist der symbolische Ton der unendlichen Macht des göttlichen Universums. *Mani* ist das Juwel, unser innerstes Selbst. *Padme* ist die Lotosblume, die der Wasserlilie ähnelt und aus dem Schlamm emporwächst. Sie blüht an der Wasseroberfläche, jedes Blütenblatt entfaltet sich, um die innerste Blüte zu enthüllen. *Hum* wird hung ausgesprochen und steht für unsere Energieschwingung. Das vollständige Mantra symbolisiert also das Wechselspiel der Energie. Wir atmen universelle Energie ein, arbeiten am Loslassen der Furcht, des Neids, des Hasses, so daß unser wahres Selbst durchscheint und Schwingung ausstrahlt — so wird der Zyklus vollendet.

Sat nam war das nächste Mantra aus dem Kundalini Yoga. Beim Einatmen meditiere über *sat* und beim Ausatmen über *nam*. *Sat* ist die Wahrheit. *Nam* ist der Name. Wahrheit ist die Essenz der universellen Energie. Dieses Mantra kann noch weiter in die einzelnen Silben aufgeschlossen werden: *Sat ta na ma. Sa* ist die Unendlichkeit, *ta* die Geburt, *na* der Tod und *ma* die Wiedergeburt. Zu diesem Mantra kannst du auch noch bestimmte Handbewegungen ausführen. Bei *sa* drückst du Zeigefinger und Daumen zusammen, Mittelfinger und Daumen bei *ta*, Ringfinger und Daumen bei *na* und den kleinen Finger mit dem Daumen bei *ma*. Mache die Bewegungen mit beiden Händen gleichzeitig.

Meine tägliche Yogapraxis beginne ich mit dem Mantra: *Ong namo guru dev namo*, was bedeutet: „Ich rufe die göttliche Lehrerin in mir." Dieses Mantra kann dreimal laut gesungen werden und zwar so: tief einatmen und beim Ausatmen *ong namo* singen, wieder kurz einatmen und die letzten drei Silben beim Ausatmen tönen lassen. Die ersten drei Silben werden auf demselben Ton gesungen, *dev* einen Ton höher als *ong namo guru, namo* wieder im gleichen Ton wie *ong*. Ich mag dieses Mantra, weil es mich zentriert und meine innere Weisheit bekräftigt. Ich wiederhole es manchmal vor meiner psychischen Arbeit.

Ein anderes Mantra aus dem Kundalini Yoga, das ich für mich

abwandelte und ebenfalls laut singe, ist: *Ad such jugad such ebay such i hosibi such.* Es bedeutet: „Gott war wahrhaft am Anfang. Gott war immer wahrhaft, Gott ist jetzt wahrhaft, und ich sage, daß Gott immer wahrhaft ist." Gott ist der Name, den viele Leute der universellen Schöpferkraft geben. Jegliches Leben besteht aus drei Prinzipien oder Formen der Energie — erschaffen, erhalten und zerstören. Daher beschreiben viele Religionen Gott als Dreieinigkeit.

Ich stelle mir diese personifizierte Kraft als Göttin vor, eine mythische Frau, die alles verkörpert, was stark, schützend und liebend im Universum ist.

Beim letzten Mantra wird die göttliche Mutter angerufen. Sitze bequem in der Meditationshaltung. Halte deine rechte Hand über dein Ohr, so daß die Handfläche auf der Wange ruht. Atme tief ein und atme auf *ma* aus. Die Hand über dem Ohr wird die Schwingung verstärken. Beim Kundalini Yoga wird dieses Mantra in einer besonderen Position ausgeführt. Wenn du gelenkig genug bist, kannst du es ausprobieren: Setze dich auf den Boden, der Rücken sollte gerade sein. Dann ziehe dein rechtes Knie an die Brust und laß den Fuß auf dem Boden. Das linke Knie ist zur Seite geneigt, so daß die linke Fußsohle den rechten Fuß berührt und das linke Knie zu Boden fällt. Den rechten Ellbogen legst du auf das rechte Knie, die rechte Hand über das rechte Ohr, die Handfläche auf dem Jochbein. Balle die linke Hand zur Faust und recke sie empor. Du ziehst die universelle Energie mit deiner linken Hand an und schickst deine Schwingung über deine rechte Seite hinaus. So entsteht ein kontinuierlicher Energiestrom. Atme tief ein und langsam aus, so daß der Ton *ma* entsteht. Atme wieder tief ein und langsam auf den Ton *ma* aus. Übe so lange, wie es dir angenehm erscheint.

Ein Mantra ist eine besondere Psychotechnik, um Energien zu konzentrieren. Man muß aber nicht unbedingt ein Mantra benutzen. „Frau" zu singen oder zu summen wird auch die Energie strömen lassen. Schaffe dir eigene Töne, um deine Energien zu stimulieren. Die universelle Kraft kennt keine Geheimnisse. Sie öffnet sich allen. Meditation ist eine Möglichkeit, Ängste und Negativität loszulassen. Sie verbessert deine Konzentration und ermöglicht dir das Empfangen der Botschaften aus dem Unbewußten. Sie verbindet dich mit dem universellen Geist. Durch geduldiges Üben wirst du die Fähigkeit zur Meditation entwickeln. Du wirst deinen Geist von allen Gedanken und Ängsten befreien lernen und dadurch voll in der Gegenwart leben.

Durch Meditation erlernst du das Loslassen, das nicht Verhaftetsein. Nicht verhaftet zu sein, bedeutet nicht, sich aus der Welt zurückzuziehen, sondern ist vielmehr die Fähigkeit, Erfolge und Versagen liebevoll und verstehend in der Erkenntnis der Ursachen für beide zu betrachten. Dieser innere Friede erlaubt dir die Anschauung deines Lebens, sowohl der Freuden als auch der Tragödien. Du siehst beides heiter und gleichmütig.

GEBETE, SEGNUNGEN UND ANRUFUNGEN

Meditation beruhigt den Geist: Du wirst offen und empfänglich für alles, was ist. In der Meditation empfängst du aus dem Universum. Gebete hingegen sind Bitten. Im Gebet sprechen wir zum Universum und bitten, unsere Bedürfnisse mit den Bedürfnissen aller in Einklang zu bringen. Wir beten nicht nur für uns, sondern für alle Wesen. Gebete, Segnungen und Anrufungen fließen oft durch mich. Ich bringe sie hier nicht als Teil feministischer Liturgie, sondern als Teil meiner spirituellen Praxis.

Gebet

Gesegnet seist du, Schöpferin des Lebens, deren Liebe mir immer scheint. Hilf mir, deine Energie zu nutzen, so daß sie meine Kraft lenke. Erleuchte meinen Weg, auf daß ich ihn in Liebe gehe, im sicheren Wissen, daß ich aus einer tiefen Quelle in mir komme. Laß mich meine Energie zur Neuschaffung der Welt nutzen. Wecke in mir das Bewußtsein der Rhythmen und Zyklen der Natur, so daß ich intuitiv erkenne, wann die Zeit ist aufzubauen und wann die Zeit des Zerstörens, die Zeit des Redens und des Schweigens, die Zeit der Bewegung und die Zeit der Ruhe. Laß mich jetzt und allezeit die Tiefe unserer Verbindung spüren. Denn wir sind alle eins und durch die Kraft der Liebe verbunden.

Gruppensegnung bei Vollmond

Heut' ist die Nacht des vollen Monds.
Die Nacht Selenes — weise und wissend.
Heut' nacht verbinden wir uns mit ihrer Kraft, und sie wird unser.
Heut' nacht schwingen wir im Puls des Monds:
wissend, fühlend und unsere Verbindungen spürend
fließen wir in vielen Ebenen.
Offenen Auges sehen wir klar unsere Visionen.

Offenen Ohres hören wir die Stimmen unserer Seelen.
Offenen Mundes sprechen wir Weisheit.
Offenen Herzens sind wir voll Liebe.
Offenen Schoßes sind wir in Verbindung mit der Quelle der Kreativität.
Die Füße geöffnet, gehen wir den Pfad unserer Wahrheit.
Unsere Hände sind offen, und unsere Macht ist offenkundig.

Gebet

Laß mich tief in die Quelle der Kreativität sinken,
Tief in meine Originalität,
Laß mich Verbindung suchen zu allem, was göttlich ist in mir,
Meine Kraft der Vorstellung neu zu schaffen,
Ich gebe mich hin dem Meer meiner größeren Bewußtheit.

Gebet

Gesegnet seist du, Mutter der Wasser.
Möge ich immer in deiner Umarmung schwimmen.
Hilf mir, mein wahres Selbst in dir gespiegelt zu sehen.
Ermutige meine Energie, so sicher wie deine Gezeiten zu strömen,
damit ich die Quelle als ewig fließend und sich verändernd erkenne.

Gebet

O silbermagische Frau, weise und wissend,
Sei mit uns, wenn wir unsere Herzen dir öffnen, deine Weisheit und
    Führung,
Schütze und tröste uns jetzt und immerdar,
Lenke unsere Schritte auf unserem wahren Weg,
Auf daß wir uns und andere tiefer und reicher verstehen.

Gebet

O du Große,
Ich sehe deine Schönheit um mich her — Himmel, Erde und Meer,
Ich fühle die Wärme deiner Berührung, wenn die Sonne mein Gesicht
    küßt,
Ich höre den Ton deiner Stimme, wenn der Wind durch die Bäume
    streicht,
Ich rieche deine Essenz in salziger Meeresluft,

Möge ich immer deine Gegenwart erkennen, die Kraft unserer
   Verbindung.
Laß mich jetzt und immerdar in deiner Umarmung leben, denn nie war
   ich ohne dich.

Anrufung

Feuerwesen, laß mich eins werden mit dir, damit ich Leidenschaft und
   Kraft entfalte.
Wasserwesen, laß mich eins werden mit dir, damit ich fließend mich
   bewege.
Luftwesen, laß mich eins werden mit dir, auf daß ich Weisheit und
   Intuition erlange.
Erdwesen, laß mich eins werden mit dir, damit ich Beständigkeit und
   Stabilität entwickle.

KAPITEL DREI

ENERGIE UND SCHWINGUNG

Das Universum besteht aus wirbelnder Energie, die auf verschiedenen Frequenzen schwingt. Muster und Formen variieren: Einiges ist Materie, einiges Schwingung. Alles aber ist Energie und kann weder erschaffen noch zerstört werden, nur verwandelt. Die ganze Zeit bist du von Energie umgeben, selbst wenn du es nicht merkst: Radiowellen, Lichtwellen, Töne, Röntgenstrahlen. Die Schwerkraft zieht dich hinab, und die Luft lastet ständig auf dir.

Auch Menschen bestehen aus Energie und senden Energiewellen aus, die auf unzählige andere Energiewellen antworten und interagieren. Die Energie in deinem Körper ist die gleiche wie die im Universum. Manchmal dehnt Energie sich aus, manchmal zieht sie sich zusammen. Im chinesischen Konzept von Yin und Yang kommt dieser innere und äußere Fluß zum Ausdruck. Yin (weiblich, empfangend) und Yang (männlich, aggressiv) sind Äußerungen derselben Energie. Beide sind lebensnotwendig; es ist wie beim Atmen, wo Ein- und Ausatmung zusammengehören. Ohne diesen beständigen Strom gäbe es weder Bewegung noch Handlung und von daher auch kein Leben.

Identifizierst du dich allzusehr mit nur einer Energieform, wirst du unausgeglichen. Meist betonen wir zu sehr das Yang, die Aggression. Das ideale Gleichgewicht baut sich beständig neu auf, manifestiert verschiedene Eigenschaften zu unterschiedlichen Zeiten.

Die Energie des Universums steht dir ständig zur Verfügung: du hast all die Energie, die du brauchst. Wenn du voller Ängste und Probleme steckst, blockierst du den Energiestrom. Konzentrierst du dich hingegen auf die universelle Energie, wird sie frei durch dich hindurchfließen. Die dir verfügbare Energie steht in Beziehung zu deinen Motiven. Handelst du aus Angst, Ärger, Gier oder Neid, engst du den Strom der Energie ein. Bist du hingegen durch Liebe motiviert und arbeitest für ein höheres Ziel, wirst du sehr viel Energie anzapfen können. Die Energie des Universums ist tatsächlich grenzenlos und wird lediglich durch deine Ängste und angelernten Begrenzungen eingeengt. Jedesmal, wenn du Energie abgibst, wird sie erneuert. Die Lebenskraft wird nur dann verringert, wenn du versuchst, Energie zu horten. Dies nennt man das Universalgesetz von Angebot und Nachfrage. Hier eine Affirmation zum beständigen Fluß der Lebensenergie: „Alles, was ich brauche, kommt zu mir. Alles, was ich habe, gebe ich her. Alles, was ich gebe, kehrt zehnfach zurück."

In der folgenden Übung erfährst du den kontinuierlichen Energiestrom im Körper:

■ ■ ■ ■ ■ ■ ■ ■ *Wasserkrug* ■ ■ ■ ■ ■ ■ ■ ■

Diese Übung wird im Stehen ausgeführt. Schließe die Augen und entspanne dich. Stell dir vor, du bist ein Wasserkrug. Beuge dich sanft nach rechts, während du dir vorstellst, wie Wasser herausfließt. Beuge dich nur so weit, daß du das Gleichgewicht nicht verlierst. Geh langsam in die gerade Ausgangsposition zurück und stelle dir vor, wie der Krug wieder mit Wasser aufgefüllt wird. Nun beuge dich langsam nach links und stell dir vor, wie das Wasser herausfließt. Beuge dich wieder nur so weit, daß du das Gleichgewicht nicht verlierst. Dann geh wieder zurück in die Ausgangsposition. Wiederhole diese Bewegungen so lange, bis du dich wohlfühlst. Nun geh frei durch den Raum und bleibe bei diesen Bildern. Hebe deinen rechten Fuß und stell dir vor, wie das Wasser in deine linke Seite fließt, bis die rechte Seite leer ist. Dann setze den rechten Fuß auf und stell dir vor, wie das Wasser in deine rechte Seite fließt. Beuge dich so weit du kannst, ohne das Gleichgewicht zu verlieren. Wenn dein linkes Bein sich leer anfühlt, setzt du es auf und fährst rechts wieder fort. Geh einige Minuten mit diesen Bildern im Raum herum. Halte dann mitten in der Bewegung an, wenn ein Bein etwas erhoben ist. Dann geh wieder weiter. Übe dies einige Minuten.

■ ■ ■

Der physische Körper ist nur ein Ausdruck des gesamten Energiewesens. Die Energiekörper sind nicht vom physischen Körper abgetrennt, sondern Schwingungen, die verschiedene Frequenzen aufweisen: vom dichten (physischen) zum feinstofflichen Geistkörper. Energiekörper (oder auch Astralkörper) werden weniger leicht wahrgenommen und sind auch weniger begrenzt als der physische Körper. Sie verändern Größe, Form, Dichte und Intensität. Die westliche Wissenschaft vermag zur Zeit nur einen kleinen Teil der Gesamtenergie zu messen: Körpertemperatur, elektromagnetische Felder und Körperschweiß.

Und doch erkennen die meisten von uns die Energie anderer Menschen. Wenn wir uns in Gegenwart einer anderen Person angespannt, müde oder entspannt fühlen, kann das auch daran liegen, daß wir Teile ihrer Energie übernehmen. Mit der nächsten Übung lernst du, die Energien anderer klarer zu erkennen.

■ ■ ■ ■ ■ ■ ■ ■   *Energieübung*   ■ ■ ■ ■ ■ ■ ■

Arbeite mit einer Partnerin. Steht euch gegenüber. Zentriere dich. Laß deinen Atem langsam und tief werden. Atme langsam durch die Nase ein und aus. Stell dir beim Ausatmen vor, wie die Energie der Ausatmung durch deine Handflächen fließt. Spüre den Atemfluß, wie er durch die Nase eintritt, und stell dir vor, wie er durch die Hände austritt. Konzentriere dich ein paar Minuten darauf. Nimm die Empfindungen in deinen Händen wahr. Strecke die Arme dann etwas zur Seite, so daß deine Handflächen sich den Handflächen deiner Partnerin nähern, diese aber nicht berühren. Stell dich auf die Energie deiner Partnerin ein. Nimm die Empfindungen zwischen euren Händen wahr. Wenn du die Energien zwischen dir und deiner Partnerin fließen spürst, entferne dich. Geht langsam auseinander, richte die Aufmerksamkeit weiter auf deine Handflächen und die zwischen dir und deiner Partnerin strömende Energie. Entdecke, wie weit du gehen kannst, ohne daß dieser Energiestrom abreißt.

■ ■ ■

Sobald du dir deiner und der Energie der anderen bewußt bist, kannst du sie teilen, mehr Energie laden oder in Kontakt mit der universellen Energie treten. Du kannst einen Energiekreis machen. Ein Energiekreis beginnt, wenn zwei oder mehr Frauen im Kreis sitzen oder stehen und ihre Hände halten. Tonschwingungen sind besonders stark, deshalb wird in solchen Kreisen oft gesummt oder gesungen.

Einen solchen Energieaufbau und das Teilen der Energie nannten Hexen „den Kraftkegel errichten". Diese Energiekonzentration kann willentlich dirigiert und z. B. zum Heilen genutzt oder auf die Verwirklichung eines Projekts gerichtet werden.

Im Kreis sitzen, die Hände halten. Die linke Hand zeigt nach oben, von dort empfangt ihr die Energie, die rechte Handfläche zeigt nach unten, dort sendet ihr die Energie aus. Schließt die Augen und atmet langsam und tief. Erdet euch, indem ihr einen Teil eures Energiekörpers zum Zentrum der Erde schickt. Dann koordiniert euren Atem. Stellt euch vor, wie der Kreis von heilender und schützender Energie umgeben ist. Stellt euch die Energie als flüssigen Lichtteich zu euren Füßen vor. Während ihr einatmet, zieht ihr das Licht durch die Fußsohlen hinauf in den ganzen Körper. Zieht es durch eure Beine in die Hüften. Laßt es an eurer Wirbelsäule hochwandern. Spürt, wie es in eure Schultern strömt und in euren Nacken, die Arme hinunter und zu den Händen, wieder hinauf zu den Schultern und zum Nacken. Zieht die Energie in euren Kopf und stellt euch vor, wie sie aus dem Kopf überfließt und euch einhüllt. Das ist die Energie des Universums, die Lebensenergie. Mit dieser Energie verbindet ihr euch, diese Energie sendet in den Kreis. Zieht diese Energie nun in euren Körper, indem ihr sie in eure linke Hand fließen laßt. Sie strömt durch euren ganzen Körper und bei der rechten Hand wieder heraus. Löst euch in dieser wirbelnden Energie auf. Spürt den Zauber und laßt euch davon berühren.

Nach ungefähr zehn Minuten kann der Kreis aufgelöst werden, indem ihr die Hände losslaßt und die Augen öffnet. Sätze wie: „Möge die Energie, die wir teilten, auch mit uns sein, wenn wir auseinander gehen", oder: „Der Kreis ist offen, doch nicht zerbrochen", können die Übung beschließen.

■ ■ ■

Beim ersten Energiekreis möchtet ihr euch vielleicht noch gern einer Führung anvertrauen. Die Leiterin kann dann die Verantwortung für Anfang und Ende des Kreises übernehmen. Sie hilft euch zu entspannen und unterstützt die Koordination des Atems. Sie kann den Energiestrom auslösen, indem sie die Hand der Frau zu ihrer Rechten kurz drückt. Wenn diese Frau die

Energie empfängt, schickt sie sie durch ihren ganzen Körper und gibt sie dann über ihre rechte Hand weiter, indem sie ebenfalls die Hand der rechts von ihr sitzenden Frau drückt. So fließt dann die Energie durch den ganzen Kreis.

Hier sind noch andere Möglichkeiten für einen Energiekreis:

1. Die Leiterin kann die Namen der Frauen aufrufen (rechts beginnen) und liebevolle Energie zu jeder einzelnen senden. Sie hört bei sich dann auf.

2. Jede Frau kann sich selbst benennen.

3. Die Frauen können nacheinander in den Kreis treten und die Energie empfangen.

4. Die Nichtanwesenden können benannt werden, so daß auch sie Energie erhalten.

5. Die Frauen meditieren über etwas Wesentliches für die Gruppe, so daß die Energie dorthin gelenkt werden kann.

6. Jede Frau kann sich etwas wünschen. Alle können darüber meditieren, der Wünschenden Energie senden und sich vorstellen, wie dieser Wunsch erfüllt wird.

7. Affirmationen wie: ,,Wir sind alle eins", können gesprochen werden.

8. Es kann gesummt werden, um mit dieser Schwingung Energie aufzubauen. Vielleicht legst du die Hand auf den Nacken der Frau zu deiner Rechten, und so schließt ihr den Kreis rund herum.

9. Singt eure Namen in der Runde.

10. Singt Namen von Göttinnen (Diana, Isis, Aphrodite, oder andere).

11. Singt Lieder wie die folgenden:

,,Wir sind Frauen und gebären uns selbst, gebären uns selbst.
Wir sind Frauen und gebären uns selbst."

,,O göttliche Mutter, o göttliche Mutter,
o göttliche Mutter, o göttliche Mutter."

,,Mutter, Tochter, Schwester, Geliebte,
hört uns, hört uns,
wir suchen euch in uns,
Göttin, Göttin."

,,Frau bin ich, Geist bin ich.
In meiner Seele bin ich unendlich.

Ich habe weder Anfang noch Ende.
Das weiß ich alles."
(Mündliche Überlieferung von Frauen.)

„Tiermetamorphose" und „Körperbewußtsein" sind zwei Übungen für den Anfang. Sie regen den Geist an, mit neuen Formen zu experimentieren. Ich habe diese Übungen aufgenommen, weil sie eine gute Vorbereitung für schwierigere Übungen wie beispielsweise Handheben und Astralprojektion darstellen. In der „Tiermetamorphose" verwandelt sich dein Körper in eine Katze und in einen Vogel (in der Phantasie), und du erkundest die damit verbundenen Gefühle und Empfindungen. Die Übungen können einzeln oder auch nacheinander in derselben Trance gemacht werden. Die Körperbewußtseins-Übung führt die Transformationsphantasie weiter. Dabei nimmt dein Körper Formen der Natur an: Bäume, Felsen, Sterne, Regen.

■ ■ ■ ■ ■ ■ ■ *Tiermetamorphose* ■ ■ ■ ■ ■ ■ ■

Entspanne, versenke und schütze dich. Du gehst immer tiefer. Und während du immer tiefer in dich hineingehst, spürst du, wie dein Körper sich bewegt und verändert. Du verwandelst dich jetzt ganz leicht und mühelos in eine Katze. Fühl deine Arme und Beine als Pfoten, deine Haut als Fell; in deinem Gesicht trägst du das Schnurrhaar der Katze. In diesem Katzenkörper streckst und dehnst du dich nun. Du wirst gestreichelt und reibst dich. Du bewegst dich mit Grazie und Anmut, freust dich an deinen Bewegungen. *Verweile etwa zwei Minuten.*
Du fühlst, wie sich dein Körper wieder verändert, und kehrst in deinen Körper zurück. Deine Identität ist wieder ganz mit deinem Körper verbunden. Im eigenen Körper kehrst du zurück in dein Alltagsbewußtsein, vollkommen wach und voller Energie. Öffne die Augen und strecke dich.

* * *

Entspanne, versenke und schütze dich. Du gehst tief nach innen, und während du dies tust, spürst du deine Verwandlung. Dein Körper ändert sich. Dein Körper wird kleiner und leichter, und du verwandelst dich in einen Vogel. Deine Arme werden zu Flü-

geln, auf deiner Haut wachsen Federn, dein Mund wird zum
Schnabel, und deine Füße verwandeln sich in Vogelkrallen. Mit
diesem eleganten Vogelkörper beginnst du zu fliegen. Du erhebst dich hoch in die Lüfte. Freu dich an diesen Empfindungen
und Gefühlen. *Verweile etwa zwei Minuten.*

Jetzt spürst du, wie sich dein Körper wieder zurückverwan-
delt. Deine Identität ist wieder ganz mit deinem Körper verbunden. Du kehrst im eigenen Körper zurück in dein Alltagsbewußtsein. Voller Energie und ganz wach kommst du zurück. Öffne
die Augen und strecke dich.

■   ■   ■

■ ■ ■ ■ ■ ■ ■   *Körperbewußtsein*   ■ ■ ■ ■ ■ ■ ■

Entspanne, versenke und schütze dich. Nun lausche meinen
Worten und spüre, wie sie dich immer tiefer tragen, dich in Bereiche führen, in denen du deinen Körper nach eigenen Wünschen erfahren kannst. Du gehst immer tiefer und fühlst dich
sehr schwer. Dein Körper wird immer schwerer, so schwer, daß
du dich kaum noch bewegen kannst. Spüre diese unglaubliche
Schwere, dieses Gewicht, das dich bewegungslos macht.

Die Schwere läßt nach, und du wirst leicht. Dein Körper wird
immer leichter. So leicht, daß du in die Luft emporgeweht
wirst, du bewegst dich mit der Luft und fliegst hoch über der
Erde. Mühelos treibst du dahin, dein Bewußtsein ist eine winzi-
ge Zelle, eine kleine Zelle, die in den Kosmos geweht wird.

Das Bewußtsein dehnt sich nun wieder aus, es dehnt sich, und
du kehrst zur Erde zurück. Du berührst wieder die Erde und
fühlst den Reichtum der Erde unter deinen Füßen. Du stehst
fest auf der Erde, Mutter Erde.

Dann verwandelt sich dein Körper, und du wirst zu einem
Berg, der sich hoch über die Erde erhebt, ein starker hoher Berg.

Der Berg wird kleiner, bis du zu einem kleinen Stein wirst.
Spüre, wie es sich anfühlt, ein kleiner runder Stein mit einem
Loch in der Mitte zu sein, Symbol für die Göttin Diana; ein ko-
nischer Stein, Symbol der ersten Mondgöttin in einer fernen ver-
blaßten Vergangenheit.

Der Stein verwandelt sich nun in Holz, du fühlst dich wie ein
Baum, Abkömmling von Mutter Erde, fest im Boden verwurzelt,
mit raschelnden Blättern, die im Winde rauschen.

Dann wirst du zu einer Brise, einer warmen, sanften Brise.

Jetzt wirst du immer kälter und stärker, zu einer kühlen Brise, und bringst Regen. Ganz sanft regnest du nun, der Regen wird schwerer und fällt ganz dicht auf die Erde.

Es hört auf zu regnen. Die Erde wird von der Sonne getrocknet, und du bist die strahlende Sonne. Stern des Tags, starke heilende Energie.

Das Sonnenlicht verschwindet, der Tag wird zur Nacht. Du bist Harmonia, die den Sternenhimmel webt. Du bist das Nachtlicht, der Mond, Halbmond, zunehmender Mond, Vollmond, abnehmender Mond, Halbmond und Neumond.

Ganz langsam und sanft kehrst du zu deinem Alltagsbewußtsein zurück. Erkenne deine Gestalt, dein Fleisch, deinen Körper, du bist wieder ganz bei dir. Kehre langsam und behutsam zurück. Du erwachst voller Energie. Öffne die Augen und strecke dich.

■   ■   ■

Dein Körper kann so außergewöhnliche Dinge wie Handlevitation vollbringen. Ganz spontan geschieht dies beispielsweise in besonderen Notsituationen. Wir alle kennen die Geschichten von Frauen, die ein Auto hochheben konnten, um ihr darunter liegendes Kind hervorzuziehen. Handlevitation zu üben macht uns diese Fähigkeit deutlich bewußt. Dafür mußt du dich zunächst wieder entspannen und zentrieren. Wenn du dir der Energie um dich herum bewußt wirst, gehst du mit dieser Energie und läßt diese Energie – nicht deinen Willen – den Arm heben. Immer wenn du dich der höheren Energie anschließt und mit ihr fließt, werden deine Fähigkeiten und deine Bewußtheit zunehmen.

Wenn du die Übung vollendet hast, kannst du vor der Rückkehr in dein Alltagsbewußtsein noch folgende Affirmation sprechen: „Ich kann meine Hände wie alle anderen Teile meines Körpers dazu bringen, Schmerzen loszulassen oder Blutungen zu stoppen, wenn es notwendig wird." Sobald du damit einige Male geübt hast, wirst du für Notfälle gewappnet sein. Natürlich mußt du nicht unbedingt vorher die Handlevitation üben.

Setz dich entspannt hin und lege die Hände in deinen Schoß. Konzentriere dich auf deine Atmung, versenke und zentriere dich. Du bist entspannt und dir der Energie um dich her klar bewußt. Du bist von Energie umgeben. Du kannst diese Energie deine Hand aus deinem Schoß heben lassen. Dein Arm hebt sich immer höher, bis die Hand dein Gesicht erreicht. Schau dir deine Hand an. Betrachte sie genau. Spüre die Energie um dich her. Du kannst sie sehen, spüren, fühlen. Deine Hand ist von Energie umgeben. Laß diese Energie deine Hand heben. Deine Hand hebt sich nun langsam zum Gesicht. Ich zähle von zehn bis eins, wenn ich bei eins anlange, wird deine Hand deine Stirn berühren. Dann atmest du tief ein, und beim Ausatmen kehrt die Hand zurück in deinen Schoß. Zehn: die dich umgebende Energie hebt deine Hand. Neun: deine Hand wird immer leichter und bewegt sich beständig nach oben. Acht: die Energie trägt deine Hand zu deinem Gesicht. Sieben: Hand und Arm werden immer leichter und ständig emporgehoben. Sechs: von der Energie bewegt, heben sich Hand und Arm zum Gesicht. Fünf: höher, leichter. Vier: die Energie bewegt deine Hand und ist ganz nah an deinem Gesicht. Drei: höher, leichter. Zwei: deine Hand und dein Arm sind leicht und bewegen sich durch die Energiewellen zu deinem Kopf. Eins: Hand und Arm sind leicht und gehen nach oben. Laß deine Hand deine Stirn berühren.

Sage dir selbst die Affirmation: „Ich kann meine Hände wie alle anderen Teile meines Körpers dazu bringen, Schmerzen loszulassen oder Blutungen zu stoppen, wenn es notwendig wird." Kehre sacht zurück in dein Alltagsbewußtsein.

■   ■   ■

Ob deine Hand deine Stirn berührt hat oder nicht: Du befandest dich in der Dimension, in der du Schmerzen loslassen und Blutungen stillen kannst. Manche Leute müssen diese Übung mehrmals ausführen, bevor ihre Hand ihre Stirn berührt. Je verspannter der Körper ist, desto mehr muß geübt werden.

AURAS

Das alle Dinge umgebende elektromagnetische Feld ist die Aura. Dieses Kraftfeld kann psychisch als flüssiger, pulsierender, ovalförmiger Lichtring gesehen werden. Sie kann aber auch als Lichtmuster mit verschiedenen hindurchscheinenden Farben wahrgenommen werden. Manche sehen die Aura nicht, sondern empfinden oder fühlen sie. Durch die Kirlianfotografie kann die Aura sichtbar gemacht werden. Kirlian war ein russischer Forscher, der diese Methode entdeckte.

Personen, die gut Aura lesen können, erkennen dadurch den geistigen und emotionalen Zustand der anderen; sie können auch herausfinden, wie es um Gesundheit und spirituelle Entwicklung dieser Person bestellt ist. All das läßt sich aus der Aura herauslesen. In der Metaphysik heißt es, daß die Aura aus sieben ineinanderverwobenen Lichtringen besteht, von denen jeder einen anderen Aspekt der Person enthüllt. Der erste Ring sagt etwas über die Gesundheit aus, der zweite etwas über die Emotionen, der dritte zeigt die intellektuellen Fähigkeiten, der vierte den höheren Geist (Imagination und Intuition), der fünfte zeigt die Seele oder die Verbindung zwischen Individuum und Kosmos; im sechsten und siebten Ring sind kosmische Aspekte zu finden. Die beiden letzten sind gewöhnlich an den meisten Leuten nicht zu sehen.

Die Aura liegt noch über dem Ätherleib, dem unsichtbaren Doppel des physischen Körpers, das mit dem physischen Tod abgelegt wird. Im Ätherleib befindet sich die animalische Kraft des Körpers. Er kann als blauer Lichtschimmer um den Körper wahrgenommen werden. Seine Dichte bestimmt sich durch Gesundheit und Vitalität des Individuums und schwankt zwischen einem und zwölf Zentimetern. Der Ätherleib zieht die Lebensenergie aus der Atmosphäre und verteilt sie im ganzen Körper.

Sobald sich beim Tod der physische Körper löst, löst sich auch der Ätherleib. Es kann jedoch einige Zeit dauern, bis sich die Energie des Ätherleibs aufgelöst hat. Es ist ähnlich wie beim Elektroherd: Stellt man ihn ab, bleibt es dennoch für eine Weile warm. Das, was die Leute für einen Geist halten, ist oft die Ätherenergie dieser Person. Ohne Bewußtsein folgt sie den Gewohnheiten und Mustern des Körpers, zu dem sie gehörte. Leute, die sehr plötzlich sterben, beispielsweise bei einem Unfall, können starke Ätherschwingungen zurücklassen, die sich erst nach und nach auflösen.

Die meisten Menschen können Auras sehen lernen. Häufig kann der erste Ring wahrgenommen werden. Um Informationen über die beobachtete Person zu erlangen, muß nicht unbedingt die Aura vom Ätherleib unterschieden werden, auch müssen wir die einzelnen Ringe nicht klar unterteilen können. Um die Aura deutlich wahrzunehmen und zu diagnostizieren, sollte die beobachtete Person nackt sein, sonst nimmst du nämlich die Schwingungen der Kleidung auf. Für unsere Zwecke genügt es jedoch, einen Lichtschein um Kopf und Schultern zu erkennen.

Wenn wir das erste Mal die Aura sehen wollen, fällt es häufig noch schwer, Farben zu erkennen. Es kann zunächst vielleicht nur ein gelblich-weißer Heiligenschein wahrgenommen werden. Es kann auch sein, daß du die Farben mit deinem inneren und nicht mit dem physischen Auge siehst, also die Farbe eher fühlst oder empfindest. Durch beständiges Üben wirst du allmählich die Farben erkennen. Obgleich Farben gemeinhin als absolut dargestellt werden, sind sie doch etwas Subjektives. Wegen dieser Schwingung und weil die Aura beständig pulsiert, können zwei Leute beim Betrachten derselben Person unterschiedliche Farben wahrnehmen. Jedes Gefühl hinterläßt in der Aura seine Spur, daher wechseln die Farben mit den Stimmungen. Oft herrschen jedoch ein oder zwei Farben vor. Wenn du die Aura nach Farben absuchst, halte dein Bewußtsein offen für die Farben und ihre Bedeutung. Hier einige allgemeine Farbassoziationen:

ROT: Energie, Kraft, Mut
ZIEGELROT: Ärger
TIEFROT: Sinnlichkeit
KARMESINROT: Treue
PINK: Fröhlichkeit, Optimismus
ROSA: Selbstliebe
ORANGE: Freude, Vitalität, geistig-körperliches Gleichgewicht
GELB: Weisheit, Kreativität, Spiritualität
GRAUGELB: Angst
GRÜN: Findigkeit, Mitleid, Wachstum
BLASSGRÜN: Heilkraft
GRAUGRÜN: Pessimismus, Neid
BLAU: Spiritualität, Idealismus, Imagination, Intellekt
GRAUBLAU: Melancholie
EISBLAU: Intellekt
LILA: Spirituelle Macht
VIOLETT: Idealismus
WEISS: hochspirituell (sehr selten zu sehen)

SCHWARZ: Depression, Tod (selten zu sehen)
BRAUN: Erde
DUNKELBRAUN: niedrige Energie
GRAU: Furcht, Langeweile, unterdrückter Ärger
GOLD: Reines Wissen und Intuition
SILBER: ähnlich wie Gold, psychisch gut entwickelt

Zum Erkennen der Aura sollte der Blick verschwommen sein: du schaust mit sanften Augen. Brillentragende erkennen die Aura leichter ohne Brille. Auras zu sehen erfordert nicht den scharfen Blick, den wir fürs Autofahren oder Lesen benötigen. Du mußt dich entspannen und einfach Wahrnehmung zulassen. Die Aura hüllt den ganzen Körper ein, wenngleich sie auch leichter an Kopf und Schultern zu erkennen ist. Es kann einiger Versuche bedürfen, bis du soweit bist, sie zu erkennen. Vielleicht siehst du sie sogar beim ersten Mal bereits, traust dir aber noch nichts zu und glaubst, es sei ein Nachbild, ein Trick, den dir deine Augen spielen.

Visualisierung der Aura: Die Person, die du beobachten willst, sollte vor dir sitzen, am besten vor einem weißen oder zumindest hellen Hintergrund. So läßt sich die Aura recht gut erkennen. Dein Gegenüber sollte die Augen schließen und Energie in den Kopf schicken. Das verstärkt die Bewegung der Aura und macht sie sichtbarer. Die beobachtende Person schließt ebenfalls die Augen und sagt zu sich selbst: „Ich sehe die Aura meines Gegenübers." Dann öffnest du die Augen und starrst auf die Stirn deines Gegenübers. Nach ungefähr einer Minute wird die Aura sichtbar. Zum Lernen ist es gut, sich zunächst auf die Stirn zu konzentrieren, denn wenn du direkt die Aura anschauen willst, wird sie sich scheinbar auflösen. Falls sich nach einigen Minuten der Konzentration die Aura nicht zeigt, schließt du am besten die Augen. Du wirst wahrscheinlich vor deinem inneren Auge die Form der Aura erkennen. Öffne dann die Augen und fahre einfach in der Beobachtung fort.

Auraformen: Da die Aura ständig schwingt, ändert sie auch dauernd ihre Form, ihr Aussehen und ihre Farbe. Zur Demonstration dieser Unterschiede bitte dein Gegenüber, sich die Aura als Spitze über dem Kopf vorzustellen. Für die Farben laß sie sich auf eine bestimmte Farbe konzentrieren. Wenn die Projektion stark genug ist, wirst du sie wahrnehmen. Wenn du verschiedene

Leute beobachtest, wirst du die unterschiedlichsten Formen, Farben und Größen entdecken.

Energieübertragung: Die Leichtigkeit der Energieübertragung läßt sich an zwei Personen, die etwas voneinander entfernt sitzen, einfach nachweisen. Während du ihre Auras beobachtest, läßt du sie sich gegenseitig Energie schicken. In einigen Minuten wirst du sehen, wie die Auras pulsieren, sich ausdehnen und zusammentreffen. Das kann wie ein Blitz zwischen den zwei Leuten aussehen. Du solltest dies mehrmals üben. Der Erfolg hängt von deiner Entspannung ab und auch davon, wie weit du Auras sehen kannst. Die beiden anderen Beteiligten müssen zudem fähig sein, sich gegenseitig Energie zu übertragen.

Aura fühlen: Diese Übung machst du am besten mit einer/m Partner/in. Entspanne und zentriere dich. Langsam streichst du mit deiner Hand in ein paar Zentimeter Abstand über den Körper deines Partners/deiner Partnerin. Spüre ihre/seine Energie. Finde heraus, wie weit entfernt vom Körper du sie noch fühlen kannst. Beobachte, wo es sich warm und wo kalt anfühlt. Menschen, die wenig körperliche Betätigung haben, werden sich an Beinen und Füßen oft kälter anfühlen. Achte auf Unterbrechungen im Energiestrom. Stellen, die sich sehr warm anfühlen (wie bei einem Sehnenriß beispielsweise), weisen auf Energieblockaden hin, genauso kältere Stellen. Die Unterbrechungen im Energiestrom werden von einer/m Partner/in wahrscheinlich bestätigt werden, durch Bemerkungen wie: „Ja, ich habe Rückenschmerzen", und ähnliches.

Auraschutz: Bei dieser Übung benutzt du die natürliche Verteidigung deines Körpers, die Aura. Indem du dir die Aura als durchlässige Hülle vorstellst, durch die Energie hindurchfließt, wirst du negative Energiesituationen ungehindert bestehen. Arbeite mit einer Partnerin, die dir auf der anderen Seite des Raums gegenüber steht.

Entspanne und zentriere dich. Vergewissere dich, daß du bequem stehst, mit beiden Füßen fest auf der Erde, das Gewicht gleichmäßig verteilt. Vielleicht konzentrierst du dich auf einen Punkt etwas unterhalb deines Nabels und stellst dir vor, daß du durch diesen Punkt einatmest. Sobald du geerdet bist, stellst du dir vor, dein Körper sei ein Wabengitter oder eine Netzwand oder irgendein anderes Bild, das offen und durchlässig ist. Du bist so durchlässig, daß alle auftauchende Energie durch dich hindurchströmt. Bleibe aufmerksam bei diesem Bild. Deine Partnerin wird nun ohne Vorwarnung ganz schnell auf dich zugehen und erst kurz vor dir stehenbleiben. Du bleibst bei deinem Bild, so daß du davon überhaupt nicht berührt wirst. Wahrscheinlich mußt du aber mehrmals üben, um zu diesem Ergebnis zu gelangen. Nach einiger Zeit der Übung solltet ihr dann die Rollen wechseln.

Bilder von Honigwaben oder Leinwänden zu benutzen, schützt dich davor, die Energien anderer Leute aufzunehmen oder auch von lauten Geräuschen oder sonstigem Störenden in deiner Umgebung behindert zu werden.

Aura stärken: Verschiedene Atemübungen und Yogastellungen stärken die Aura. Einige Atemübungen sind im ersten Kapitel beschrieben. Sobald du genügend Sicherheit in der tiefen Atemübung entwickelt hast und die Länge der Ein- und Ausatmung steuern kannst, beginnst du mit der Visualisierung. Halte dich an einen langsamen und tiefen Atemrhythmus. Stell dir vor, du befindest dich in einer riesigen Abalonemuschel voller Licht und hängst dort völlig frei und gelöst. Schimmerndes, oszillierendes, pastellfarbenes Licht umhüllt dich, wirbelt um dich herum. Bei jedem Einatmen füllst du dich mit diesem Licht. Spüre, wie es durch deinen Körper strömt. Du kannst dir auch vorstellen, wie du von wunderschöner Musik umgeben bist. Atme die Musik förmlich ein.

CHAKRAS

Astral- oder Energiekörper sind vom physischen Körper nicht getrennt, sondern schwingen lediglich in einer anderen Frequenz, die der üblichen Sichtweise verborgen bleibt. (Siehe viertes Kapitel.) Alle Energiekörper oder Bewußtseinsebenen sind durch Energiezentren, sogenannte Chakras, verbunden. Chakra ist das Sanskritwort für Rad, das psychisch als Wirbel oder Strudel vorstellbar ist. In der indischen Tradition wird jedes Chakra als Lotus mit einer bestimmten Anzahl von Blütenblättern beschrieben. Dies ist ein symbolischer Ausdruck für die verschiedenen Schwingungsfrequenzen. Wir Westler/innen würden vielleicht andere Symbole verwenden.

Die Chakras ziehen die kosmische Energie in Form von Lichtstrahlen in den Körper und verteilen sie über die Wirbelsäule im ganzen Körper. Wird diese Energie vom Körper aufgenommen und kann dort ungehindert fließen, so befinden wir uns im Gleichgewicht und sind daher gesund. Wird aus irgendeinem Grund dieser harmonische Fluß unterbrochen, entstehen Schwierigkeiten.

Jedes Chakra zieht einen bestimmten Farbstrahl an. Rot wird durch das Wurzel- oder erste Chakra angezogen und gibt uns Energie und Vitalität. Orange kommt durch das zweite Chakra und stimuliert uns physisch wie auch geistig. Gelb erreicht uns im dritten Chakra und hilft bei der Reinigung und Vervollkommnung geistiger Kräfte. Grün tritt durch das vierte Chakra ein, es gleicht aus und harmonisiert. Blau wird durch das fünfte Chakra aufgenommen, es kühlt und senkt bei Bedarf die Körpertemperatur. Indigo kommt im sechsten Chakra herein, es reinigt Ohren, Augen, Nase und Hals und unterstützt deren Funktionen. Violett ziehen wir im siebten Chakra an, es beruhigt das Nervensystem und hilft der spirituellen Entwicklung.

Jedem Chakra werden bestimmte Eigenschaften zugeordnet. Bei Mangel oder Überschuß einer bestimmten Eigenschaft entsteht ein Ungleichgewicht, und der Energiestrom wird unterbrochen. Durch Konzentration auf die Chakras wirst du dir des Energiestroms bewußt und entdeckst Unterbrechungen wie auch Möglichkeiten zur Wiederherstellung der Gesundheit. Solche Informationen erhältst du durch Bilder, Symbole, Farben, Empfindungen und Impressionen. Die Beobachtung dieser Energiezentren gibt dir Informationen über den physischen, geistigen, emotionalen und spirituellen Zustand. Du kannst das Lesen deiner Chakras sowie der anderer Personen erlernen.

Wie bei jeder psychischen Arbeit gibt es auch beim Chakralesen vielerlei Techniken. Die Anzahl der Chakras, ihre Lokalisation und Bedeutung hängt vom „Lesenden" und vom benutzten philosophischen System ab.

Ich lernte das Chakralesen von meiner lieben Freundin Seija Ling, die es psychisch gelernt hatte. Sie hat damit angefangen, weil sie anderen helfen wollte. Sie las meine Chakras und sagte, daß ich es genauso könnte. Kurz darauf probierte ich es bei einer anderen Freundin und konnte zu meinem Erstaunen ihre Energie wie auch ihre Blockaden sehen. Ich erklärte ihr die Gründe der Blockierungen und gab ihr Ratschläge zur Lösung.

Ich befasse mich in der Regel mit sieben Hauptchakras, die sich an der Wirbelsäule und am Kopf befinden, sowie vier Nebenchakras an Händen und Füßen. (Andere Denksysteme beschreiben andere Chakrasysteme.) Chakras befinden sich im Astralkörper, doch aus Gründen der besseren Verständlichkeit werden die Orte auf dem physischen Körper benannt. Ich sehe die Chakras und ihre Bedeutung folgendermaßen:

1. Muladhara: Das Wurzelchakra befindet sich an der Basis der Wirbelsäule und hat mit der Fähigkeit des Überlebens und Veränderns zu tun. Menschen, die ihre Energie lenken, können damit Veränderungen für ihr physisches und emotionales Überleben einleiten. Die hier vorhandene Energie gehört zum Erdelement und hat die niedrigste Schwingung. Physisch wie emotional geht es hier um Ausscheidung. Mit der richtigen Energiemenge an diesem Ort wirst du dich stabilisieren; bei zu viel Energie an diesem Chakra wirst du träge sein und Angst vor Veränderungen haben; zu wenig Energie macht dich instabil, ohne Erdung, und du bekommst Angst um dein Überleben.

2. Swadisthana: Das zweite Chakra liegt bei Frauen zwischen den Eierstöcken und bei Männern ungefähr drei Zentimeter unterhalb des Nabels. Hier geht es um Sexualität und Fortpflanzung. Es wird auch Milz-, Kreuzbein- oder Nabelchakra genannt. Dieses Chakra entspricht dem Wasserelement. Die richtige Energiemenge hier hält dich in Fluß, bei ungenügender Energie wirst du austrocknen. Das führt dann zu Sexualproblemen oder Krankheiten wie Arthritis. Hast du hier allerdings zu viel Energie, wirst du überempfindlich für andere Leute. Mit diesem Chakra assoziiert man die psychische Fähigkeit des klaren Wissens. Ist dieses Chakra zu offen, wirst du die Gefühle anderer Leute aufnehmen und ausgezehrt werden. Es wird dir dann schwerfallen, zwischen Eigenem und Fremdem zu trennen. Besser ist es, sich mit anderen Menschen im Herzchakra zu verbinden, das ist weniger auszehrend.

3. Manipura: Das dritte Chakra befindet sich am Solarplexus, ungefähr drei Zentimeter über dem Nabel. Dieses Chakra hat mit deiner Selbsterhaltung zu tun, es zeigt dir, wie du dein inneres Gleichgewicht halten kannst. Dem Feuerelement verbunden, hat es mit dem Heilen zu tun und bezieht sich direkt auf das Verdauungssystem. Mit der richtigen Energiemenge an diesem Chakra wirst du dein Essen gut verdauen, bei zu wenig Energie wirst du die Nahrung sehr schlecht verwerten können.

4. Anahata: Das vierte Chakra, das Herzchakra, befindet sich zwischen den Schulterblättern und gilt als Zentrum des Mitgefühls, des Verstehens und der Liebe. Es entspricht dem Luftele-

ment und erlaubt uns das klare Sehen und Erkennen emotionaler Verbindungen zu anderen. Zu wenig Energie hier, und du verlierst den zwischenmenschlichen Bezug. Zu viel Energie macht dich ängstlich und zu mitleidig. Du könntest einen Erlösungskomplex entwickeln. Bei ausgeglichenem Herzchakra siehst du genau und deutlich, woher deine Gefühle kommen.

5. Visudha: Das fünfte oder Kehlkopfchakra befindet sich an der Schädelbasis. Auf der physischen Ebene hat es mit den Drüsen zu tun, auf der emotionalen mit der Kommunikation. Blokkaden in diesem Chakra, Schwierigkeiten in der Kommunikation, können zur Folge haben, daß dir die Worte im Hals stekkenbleiben und du tatsächlich von Emotionen geschüttelt wirst. Dieses Chakra entspricht dem Element Äther oder dem Raum. Es verbindet die vier unteren Chakras mit der Intuition und Imagination des Schläfenchakras. Das Halschakra wird manchmal auch das dritte Ohr genannt, denn dort hörst du deine innere oder Seelenstimme (das weise und wissende Du). Tonschwingungen sind sehr stark, so daß Singen und Tönen tatsächlich die Energien der unteren Chakras ausgleichen und zentrieren kann. Dies ist das Zentrum zur Entwicklung der psychischen Fähigkeit des klaren Hörens (clairaudience), Stimmen zu vernehmen. Diese Stimmen sollten nicht mit der Stimme des Ego verwechselt werden und auch nicht mit den verinnerlichten Stimmen der Autorität oder der Eltern. Diese Fähigkeit sollte erst dann entwickelt werden, wenn du dich sehr stabil, zentriert und emotional gesund fühlst. Das Öffnen des Kehlkopfchakras entfaltet kreative Energie, das schöpferische Wort.

6. Ajna: Das sechste oder Schläfenchakra befindet sich zwischen den Augenbrauen und ist auch als drittes Auge bekannt. Hier treffen sich bewußtes und unbewußtes Wissen. Hier verbindest du dich mit deiner Überseele — dem ganzen Selbst, diesem lenkenden Körper, der auf der Astralebene existiert. Das Öffnen des Dritten Auges gibt dir die Fähigkeit des Hellsehens (clairvoyance), jenes psychische Talent, mit dem du Bilder, Auras und Chakras sehen kannst. Ajna heißt „Herrschaft", und wenn du deine Intuition voll entwickelt hast, wirst du dich wirklich selbst beherrschen.

7. Sahasrara: Das siebte oder Kronenchakra befindet sich in der Spitze des Kopfs. Es ist das spirituelle Zentrum, der Ort des reinen Wissens und der Intuition. Das Öffnen dieses Chakras in der Meditation vermittelt ein unvorstellbares Gefühl des Friedens. Öffnet sich dieses Chakra, entfalten sich psychische Fähig-

keiten, die alle Vorstellungen übertreffen.

Außer diesen sieben Chakras gibt es noch vier weitere: je eins in jeder Hand und jedem Fuß. Die Fuß-Chakras haben mit deinen Bewegungen zu tun, deinem Weg, dem Pfad, den du in deinem Leben, in deiner Arbeit beschreitest. Sind diese Chakras blockiert, wirst du Schwierigkeiten bei deiner Erdung haben. Unterbrechungen in diesem Energiefluß bedeuten Schwicrigkeiten, einen Standpunkt einzunehmen oder auf eigenen Füßen zu stehen. Die Hand-Chakras haben mit Kreativität und Selbstausdruck zu tun. Unterbrechungen zeigen Probleme der Manipulation an (sei es, daß du dich manipulieren läßt oder selbst manipulierst). Es kann sich auch um die Unfähigkeit handeln, Dinge zu erfassen.

Die eigenen Chakras „lesen": Wenn du deine Chakras lesen willst, entspanne, versenke und schütze dich. Dann konzentriere dich nacheinander auf die einzelnen Chakras. Achte auf Farben, Gefühle, Empfindungen oder Bilder. Arbeite langsam und versichere dich, daß du alles wahrnehmen und in der Erinnerung bewahren wirst. Am Anfang ist es vielleicht besser, nur ein paar Chakras zu betrachten. Je mehr du übst, desto besser wirst du deine Energie spüren, auch Blockierungen entdecken und herausfinden, was zur Auflösung zu tun ist. Wenn du fertig bist, kehre langsam zu deinem Alltagsbewußtsein zurück. Diese Übung gehört zu den fortgeschrittenen, und vielleicht magst du sie dir für später aufheben.

Die Chakras der anderen „lesen": Sobald du dich in der Trance einigermaßen auskennst und dich leicht entspannen und versenken kannst, wirst du vielleicht die Chakras deiner Freundinnen lesen wollen. Das wird um so leichter sein, je mehr du deiner Freundin beim Entspannen hilfst. Auch sie sollte sich versenken.

Setze dich bequem hin, entspanne und versenke dich. Umgib dich und deine Freundin mit einem Schutzkreis. Bestätige dir deine Klarheit und vergewissere dich, daß du offen für deine Freundin bist, so daß du helfende und nützliche Informationen enthüllen kannst. Sobald du so weit bist, konzentriere dich nacheinander auf jedes einzelne Chakra, benenne es, erkläre seine Bedeutung und sage, was du siehst und spürst. Beim ersten Mal magst du vielleicht nur das Gefühl der Energiemuster wiedergeben wollen oder die Farben. Nach und nach wirst du dann psychisch die Bedeutung erkennen. Vielleicht siehst du zunächst ein Symbol, das dir fremd vorkommt, aber wenn du es dann deiner Freundin erzählst, kann sie möglicherweise sofort etwas damit anfangen. Vielleicht willst du deine Hand über das Chakra halten, das du gerade liest, um deine Eindrücke zu verstärken. Wenn du fertig bist, fülle dich mit weißem Licht und kehre zu deinem Alltagsbewußtsein zurück. Dann führe auch deine Freundin zurück.

Sobald du deine Chakras siehst oder fühlst, wirst du sie auch reinigen wollen. Das ist eine fortgeschrittene Heiltechnik, die auf der psychischen Ebene all das entfernt, was nicht dahin gehört. Chakras können durch unausgedrückte Gefühle blockiert werden oder durch Festhalten an alten Verhaltensweisen, Gefühlen und Glaubenssätzen, die längst nicht mehr stimmen, aber an deiner Energie zehren. Solche Verhaltensweisen und Glaubenssätze können auch anderen Dimensionen vergangener Leben entstammen.

Chakras reinigen: Zur Reinigung der Chakras entspannst, versenkst und schützt du dich. Stelle dir dann deine Chakras vor, eins nach dem anderen, und beobachte, wodurch sie blockiert sind. Zur Reinigung der Chakras muß die Ursache der Blockade nicht unbedingt erkannt werden. Entferne die Blockierung, indem du dir vorstellst, wie deine Hand hineingreift und Ordnung schafft. Oder stell dir vor, wie der ganze Unrat hinausbefördert wird.

Bei einer anderen Chakrareinigungstechnik beginnst du beim Herzchakra und ziehst den ganzen Unrat durch die unteren Chakras hinaus. Dann ziehst du vom Kehlkopfchakra aus allen Unrat nach oben aus deinem Kopf hinaus. Er verschwindet, ohne Spuren zu hinterlassen, in der Luft.

Die Natur, so heißt es, verabscheut das Vakuum. So laß also deine Chakras nicht leer, denn das könnte neuen Unrat anziehen. Beende die Reinigung damit, daß du jedes Chakra mit warmem, goldenem Licht auffüllst.

Schnüre: Jede erlaubt irgendwann einmal anderen Personen unbewußte Verbindungen. Sobald du anderer Leute Energien aufnimmst, hast du eine Verbindung geschaffen. Solche Verbindungen können psychisch als Schnüre gesehen werden — lange, dünne Schnüre, die vom Chakra der Person ausgehen, die sich mit deinem Chakra „verschnürt". Das kannst du spüren oder fühlen.

Es ist unmöglich, ständig vollkommen bewußt zu sein, daher weißt du nicht immer, ob du „verschnürt" bist. Es kann sein, daß du Schnüre von Fremden zuläßt oder auch von Leuten, mit denen du eine Beziehung unterhältst. Auf einer sehr tiefen Ebene kannst du jedoch nichts aufnehmen, zu dem du deine Zustimmung nicht gibst. Niemand kann dir ohne deine Erlaubnis etwas antun. Diese Erlaubnis kann unbewußt gegeben worden sein, deshalb kann es so aussehen, als ob du etwas bekommst, um das du nicht gebeten hast.

Die Bedeutung der Schnüre hängt mit dem jeweils verbundenen Chakra zusammen. Schnüre blockieren die Energie und sollten regelmäßig entfernt werden.

Eine Schnur in den Fuß-Chakren bedeutet, daß jemand dich an der Bewegung hindern will. Vielleicht ist diese Person eifersüchtig auf dich.

Schnüre im ersten Chakra können bedeuten, daß jemand von dir abhängig ist. Wenn diese Person nicht gerade dein Kind ist oder jemand, dessen Pflege du für einige Zeit zugestimmt hast, ist es besser, die Schnüre zu entfernen.

Schnüre im zweiten Chakra können darauf hinweisen, daß jemand emotionale Aufmerksamkeit von dir verlangt oder sexuell von dir angezogen wird. Falls du diese Art von Aufmerksamkeit nicht wünschst, ist es besser, die Schnüre zu entfernen.

Schnüre im dritten Chakra bedeuten, daß jemand deine Energie mißbraucht. Das könnte an dir zehren und dir sogar Magenschmerzen bereiten.

Schnüre im vierten Chakra weisen darauf hin, daß jemand dich liebt und für dich sorgt. Die hier befindlichen Schnüre zehren nicht so sehr wie die anderswo befindlichen, aber vielleicht magst du sie trotzdem lieber herausziehen, einfach damit deine Energie untangiert bleibt.

Schnüre im fünften Chakra zeigen an, daß jemand mit dir kommunizieren will. Es ist aber besser, direkt zu kommunizieren, denn die Schnüre an diesem Ort könnten Halsweh verursachen.

Schnüre im sechsten Chakra bedeuten, daß jemand ganz stark an dich denkt und sich vielleicht darüber sorgt, was du von ihm/ihr halten magst. Hier verursachen die Schnüre Kopfweh.

Schnüre im siebten Chakra bedeuten, daß jemand dich kontrollieren möchte. Diese Schnüre solltest du natürlich entfernen.

Schnüre entfernen: Damit die Energie frei und klar fließen kann, mußt du die Schnüre aus den Chakras entfernen. Dazu entspannst, versenkst und schützt du dich. Stell dir die Chakras nacheinander einzeln vor und spüre etwaige Schnüre auf. Wenn du diese also entfernen willst, stelle dir vor, wie du sie sanft herausziehst. Nachdem du alle Schnüre entfernt hast, fülle alle Chakras mit Licht, so daß sie nicht leer bleiben.

Falls es dich zu sehr erschöpft, alle Chakras nacheinander zu bearbeiten, höre auf, wenn es für dich genug ist, und erledige die restliche Arbeit später. Die Chakras können geöffnet bleiben oder geschlossen werden oder auch in irgendeinem Zwischenzustand bleiben. Dies geschieht durch Visualisierung des Zustands, den du dir wünschst. Nach der Reinigung ist es gut, die unteren drei Chakras zu schließen (du wirst dich dann mehr geerdet fühlen) und die oberen offen zu lassen.

KAPITEL VIER

PSYCHISCHE KOMMUNIKATION

Du kannst psychisch mit jedem Menschen kommunizieren, indem du dein Bewußtsein auf diese Person richtest. So kommunizierst du auf einer sehr tiefen, intuitiven und nonverbalen Ebene. Solche Kommunikationen finden öfter statt, als du vielleicht merkst. Wie oft hast du schon beim Klingeln des Telefons gewußt, wer am Apparat sein würde? Wie oft schon hast du an jemanden gedacht, den oder die du dann plötzlich auf der Straße trafst? Oder du bekamst einen Brief von einer Person, von der du jahrelang nichts mehr gehört hattest, in dem Moment, als du an sie dachtest? Manche Menschen tun dies einfach als Zufälle ab, tatsächlich passiert aber ein Gedankenaustausch.

Denk daran, daß alles im Universum aus Energie besteht. Das gilt auch für Gedanken. Beim Denken sendet dein Gehirn elektrische Impulse aus, die natürlich durch die Luft übertragen werden können. Wir alle haben eigene Schwingungsfrequenzen, können uns aber genauso wie beim Radio in die Wellenlängen anderer Personen einstimmen. Natürlicherweise besteht ein Schutz dagegen, damit wir nicht ständig von anderen Wellen beschallt werden. Stell dir nur das Chaos vor, wenn du beim Spazierengehen auf einer sehr belebten Straße ständig die Gedanken anderer vernehmen würdest: so viele Stimulationsreize würden dich geistig völlig aus dem Gleichgewicht werfen.

Immer wenn du sehr sensibel für ein anderes Wesen wirst und die entsprechenden Schwingungen aufnimmst, kommunizierst du auf einer psychischen Ebene: Wenn du beispielsweise mit einer Freundin zusammen bist, und du weißt, was sie sagen wird, schon bevor sie den Mund aufmacht. Oder wenn du von einer dir nahestehenden Person, die weit entfernt wohnt, spürst, daß sie sich in Schwierigkeiten befindet. Psychische Kommunikation ist mit allen Lebewesen möglich — mit Menschen, Pflanzen, Tieren. Diffuses weibliches Bewußtsein ist genauso wichtig wie zentrierte männliche Bewußtheit, die wir für den Weg draußen in der Welt brauchen.

Bewußte psychische Kommunikation geschieht durch die Projektion des Astralkörpers, mit dem du eine andere Person oder einen anderen Ort besuchst. Du kannst dich auch auf die Person oder den Ort konzentrieren, dich öffnen und für die Information empfänglich werden. Die dadurch erlangten Informationen sind rational kaum zu erfassen. Zu psychischem Schnüffeln solltest du dich allerdings nicht hergeben. Wir sind moralisch verpflichtet, bei der Entwicklung der psychischen Fähigkeiten so klar wie möglich zu bleiben.

Projektion ist die Fähigkeit, deine Gedanken oder dein Bewußtsein aus deinem physischen Körper auf eine andere Person, einen Gegenstand oder irgendeinen Punkt im Universum zu richten. Diese Fähigkeit benutzt du bei der Pflanzenmeditation, der Gedankenübertragung, der psychischen Diagnose, dem psychischen Lesen und bei der Astralreise. Erlebst du vergangene Erfahrungen wieder oder begibst dich in andere Lebensräume, wirst du ebenfalls mit Projektion arbeiten.

Bei der Pflanzenmeditation üben wir Kommunikation auf der Ebene des Fühlens und Empfindens, heben damit also das intuitive Wissen auf die Bewußtseinsebene. Spüren wir die Schwingung einer Pflanze, stellen wir eine Verbindung zur Quelle des Lebens her, zur universellen Harmonie. Bei dieser Übung lernst du auch, dich zu konzentrieren, ein wichtiger erster Schritt für die Meditation. Mit zunehmendem Üben wirst du dir einen ruhigen Raum schaffen, wo du die innere Stimme hörst. Die Pflanzenmeditation bereitet auch auf die Astralprojektion vor.

■ ■ ■ ■ ■ ■ ■ *Pflanzenmeditation* ■ ■ ■ ■ ■ ■ ■

Setze dich zu einer gesunden Pflanze, schließe die Augen und entspanne dich. Du entspannst dich mehr und mehr, bis der ganze Körper vollkommen entspannt ist. *Spüre dies etwa zwei Minuten.*

Jetzt bist du vollkommen entspannt. Zieh einen Schutzkreis um dich her. Du bist nun entspannt und geschützt. Konzentriere dich auf deine Atmung. (Wenn ihr zu mehreren übt, setzt euch im Kreis um die Pflanze und koordiniert dann eure Atemzüge.) Einatmen. Ausatmen. Innehalten. *Verweile etwa zwei Minuten.*

Nun öffne die Augen und konzentriere dich auf die Pflanze. Du bist sehr, sehr entspannt und voller Aufmerksamkeit bei der Pflanze. Schau nur auf die Pflanze. Entwickle ein volles Bewußtsein für die Pflanze. Halte eine Minute inne. Ich werde die Pflanze jetzt wegnehmen, doch wirst du dich weiterhin darauf konzentrieren. Du schaust dorthin, wo die Pflanze war, und bekräftigst dir, daß die Pflanze noch immer dort steht. *Nimm die Pflanze weg und warte ungefähr eine Minute.*

Stelle die Pflanze wieder zurück. Konzentriere dich erneut auf die Pflanze und beobachte, ob sich irgend etwas für dich verändert hat.

Bleibe entspannt, ja, entspanne dich noch mehr. Du bist wirklich vollkommen entspannt. Erlaube nun deinem Bewußtsein, sich über deinen physischen Körper zu erheben. Spüre, wie es sich erhebt und über deinem Körper schwebt, sich auf die Pflanze zubewegt. Du gehst in die Pflanze hinein. Laß es zu. Geh einfach in die Pflanze hinein. Geh in irgendeinen Teil der Pflanze. Geh zu den Blättern, zum Stengel, zu den Wurzeln. Bemerke das Licht in der Pflanze. Achte auf die Töne in der Pflanze. Spüre die Bewegung in der Pflanze. Erkenne das Gewebe der Pflanze. Und dann wirst du zur Pflanze. Laß dein Bewußtsein mit dem der Pflanze verschmelzen. Spüre die Bewegung in deinem Körper, wenn du die Pflanze bist.

Behutsam kehrst du nun in deinen Körper zurück. Laß dein Bewußtsein und deinen physischen Körper zurückkehren. Öffne die Augen und beobachte die Pflanze wieder.

Immer wieder schaust du die Pflanze an und weißt, daß sie ein Bewußtsein hat. Nun kommuniziere mit der Pflanze. Frage sie, ob sie dir etwas beibringen kann. Schließe deine Augen wieder und höre der Pflanze zu. Was kann sie dich lehren? *Halte eine Minute inne.*

Die soeben gemachte Erfahrung, das Kommunizieren mit der Pflanze und das Zur-Pflanze-Werden, hast du schon öfter unbewußt erlebt. Du hast jetzt diese Information lediglich ins Bewußtsein geholt. Dieses Wissen wird deine Erfahrungen bereichern und zu größerem Verständnis und Mitgefühl führen.

Kehre nun zu deinem Alltagsbewußtsein zurück. Du bist vollkommen im Einklang mit dir selbst.

■   ■   ■

GEDANKENÜBERTRAGUNG

Gedankenübertragung ist die Fähigkeit, entweder die eigenen Gedanken einer anderen Person zu schicken oder die einer anderen Person zu empfangen. Oft geschieht das unbewußt. Wenn du das, was du bisher für zufällig hieltest, neu überdenkst und erkennst, daß es sich um Gedankenübertragung gehandelt hat, wirst du diese Fähigkeit bewußt nutzen können. Durch Üben kannst du diese Fähigkeit verbessern. Du wirst dich besser und intensiver konzentrieren können. Das Üben des Empfangens wird dich klarer und sensibler machen.

Willst du Gedankenübertragung üben, so entscheide vorher, was für ein Bild du senden willst. Vielleicht eine Tarotkarte, eine Farbe, eine Zahl, ein intensives Gefühl, einen Gegenstand oder nur eine verbale Botschaft. Du mußt dich keineswegs geographisch am gleichen Ort befinden wie die empfangende Person. Die Methode ändert sich nicht, ob ihr beieinander seid oder weit voneinander entfernt. Entspanne und versenke dich. Du wirst deine Fähigkeit des Empfangens wie auch des Sendens stärken, wenn du dir die Zeit nimmst, um dir innerlich zu bekräftigen, daß du dich nun in einem Raum befindest, wo dir Telepathie ganz leicht möglich ist. Dann beginne mit der Projektion. Die empfangende Person sollte sich ebenso versenken und ihren Geist klären, so daß sie sich für das Aufnehmen öffnet. Nach einigen Minuten intensiver Konzentration kannst du nachprüfen, ob deine Botschaft empfangen wurde. Und denk daran, falls es nicht klappt, beweist es nicht, daß es Telepathie nicht gibt, sondern bedeutet lediglich, daß du noch Übung brauchst.

PSYCHISCHES LESEN

Psychisches Lesen ist eine andere Art der Kontaktaufnahme. Du kannst über Gefühle, Intuition, Empfindungen und Bilder etwas über den Zustand anderer Personen erfahren. Sinn eines solchen Lesens sollte es sein, hilfreiche Informationen für die betroffene Person zu erhalten. Achte dabei darauf, daß du die Kommunikation in der bestmöglichen Form versuchst. Du sensibilisierst dich für den emotionalen Zustand der anderen Person und solltest so kommunizieren, daß es ihr Selbstbewußtsein stärkt.

Ich habe drei Methoden psychischen Lesens für Anwesende angegeben. Man kann aber auch für physisch nicht Anwesende psychisches Lesen veranstalten. Du solltest jedoch nie ohne die Erlaubnis der betroffenen Person psychisch lesen. Psychisches Lesen kann man auch bei Pflanzen und Tieren machen.

Auf jeden Fall sollte das Medium sich entspannen, versenken und zentrieren. All deine Gedanken und Gefühle müssen für den Moment zurückgestellt werden, so daß du ein klarer Kanal für die Informationen werden kannst. Diese können dich in Bildern,

Symbolen, Gefühlen oder Empfindungen oder auch durch Geräusche erreichen.

Wir haben alle ganz eigene Wege, Informationen zu empfangen, wir müssen sie lediglich erkennen und ihnen vertrauen. Bei psychischer Arbeit gibt es nicht den einzig wahren Weg. Wichtig sind Verhalten und Motive des Mediums. Die Informationen sind uns allen zugänglich. Stärke und Qualität der Bilder wie auch die Interpretation verlangen von dem Medium, daß es sich des ganzen Lebens bewußt wird, um zu einem reinen Kanal zu werden. Das bedeutet Hingabe, Disziplin wie auch ein ehrlich liebendes Herz.

Drei Methoden des psychischen Lesens
1. Setz dich bequem vor deine Partnerin, so daß du sie ansiehst. Entspannt euch beide, versenkt euch und zieht einen Schutzkreis um euch.

Die Frau, die lesen wird, streckt ihre Arme ein wenig aus, die Handflächen zeigen nach oben. Die Frau, bei der gelesen wird, hält die Handflächen nach unten, berührt aber nicht die Hand ihrer Partnerin. So läßt sich der Energiestrom fühlen. Vielleicht magst du aber auch die Hände der Partnerin halten. Entscheidet euch, was euch gut tut.

Die Lesende erbittet sich dann eine Führung, um hilfreiche Informationen zu erhalten. Die Frau, bei der gelesen wird, kann sich vorstellen, daß sie ganz leicht im Wasser schwimmt, so daß sie dadurch offen bleibt. Dieses Bild macht ihr Unbewußtes leichter zugänglich, muß aber nicht gewählt werden. Die Lesende öffnet sich den Schwingungen ihrer Partnerin und läßt Bilder, Gefühle und Empfindungen an die Oberfläche kommen. Dies wird sie dann mit ihrer Partnerin teilen. Beide Frauen kehren zu ihrem Alltagsbewußtsein zurück, sobald sie spüren, daß genügend Informationen an die Oberfläche gekommen sind. Die Frauen können nun auch ihre Rollen tauschen.

2. Die zwei Frauen sitzen sich gegenüber und schauen sich an. Zwischen ihnen brennt eine Kerze. Indem sie sich auf die Kerze konzentrieren, entspannen, versenken sie sich und umgeben sich mit einem Schutzkreis. Die Lesende bittet um Führung für die Aufnahme der Informationen. Die Frau, bei der gelesen wird, schaut ihre Partnerin an und fragt mehrmals: ,,Wer bin ich? Wer war ich? Wer werde ich sein?" Die Lesende konzentriert sich auf das Gesicht ihrer Partnerin, sieht, ob es sich verändert, und teilt etwaige Veränderungen mit. Dann kehren die Frauen in ihr All-

tagsbewußtsein zurück und tauschen die Rollen.

3. Die Frau, bei der gelesen wird, sitzt im Stuhl, und die Lesende steht dahinter, hält die Handflächen entweder auf den Kopf der Sitzenden oder zumindest nahe daran. Beide Frauen entspannen, versenken und schützen sich. Die Lesende erbittet Führung. Sie spürt die Schwingungen ihrer Partnerin und teilt die Informationen, die sie erhält, mit. Dann kehren beide Frauen in ihr Alltagsbewußtsein zurück und tauschen die Rollen.

Psychische Diagnose: Die psychische Diagnose ist eine andere Methode psychischen Lesens. Dabei liest man für Abwesende. Diagnosen können bei Mensch, Pflanze oder Tier gestellt werden. Am besten arbeitest du mit einer Partnerin. Eine Frau führt, die andere liest. Die Lesende muß die zu diagnostizierende Person weder kennen, noch müssen sie in derselben Gegend wohnen.

Die Führerin hilft der Lesenden beim Entspannen, Versenken und Zentrieren. Auch die Führende muß sehr sensibel sein und die Lesende immer wieder ermuntern und zum Sprechen auffordern. Sie stellt die zu lesende Person vor, nennt Namen und Adresse.

Zum Lernen der Diagnose empfiehlt es sich, eine Person, Pflanze oder ein Tier mit einer Krankheit zu wählen, die man einigermaßen kennt. Auf diese Weise läßt sich die Diagnose verifizieren. Befasse dich nur mit lebenden Personen und auch nicht mit schwer erkrankten, denn die von diesen ausgestrahlten Wellen könnten für eine Anfängerin zu stark sein.

Wenn die Lesende Schwingungen auffängt, bei denen sie sich unwohl fühlt, kann sie sich mit folgenden Worten daraus lösen: „Ich zähle von eins bis fünf, und wenn ich bei fünf angelangt bin, wirst du Informationen erlangen, bei denen du dich wohl fühlst. *Zähle.* Deine Betroffenheit hat abgenommen, und du empfängst nun Informationen, die du ertragen kannst."

Will die Lesende den Kontakt verstärken (was oft der Fall sein kann), kannst du sagen: „Ich zähle von eins bis fünf, wenn ich bei fünf angelange, wirst du engen und angenehmen Kontakt haben. *Zähle.* Deine Verbindung zu Jane ist vertieft, und du erhältst mehr Informationen."

Falls das nicht klappt — was selten vorkommt — kann es sein, daß die medial Arbeitende die falsche Person angesprochen hat. Sage deiner Partnerin also, daß du das Gefühl hast, da käme jemand anderes durch sie hindurch, frage sie, ob sie sich dessen bewußt ist. Klärt sich dadurch nichts, schicke Heilung zu dieser Person und laß das Bild verschwinden.

Beharrt die Führerin zu sehr auf ihren Eindrücken, kann das Ganze zu einem Frage- und Antwortspiel geraten, statt ein fließender Strom von Bildern zu werden. Hebt euch also das Feedback auf, bis das Medium wieder ins Alltagsbewußtsein zurückgekehrt ist. Du kannst aber auch sagen: „Ja, Jane hat Magenbeschwerden“, nachdem das Medium die Informationen weitergegeben hat. Alles, was wir in der Trance vernehmen, ist leicht eingänglich, so achte also darauf, daß du dann positive Äußerungen machst. Es ist also besser zu sagen: „Diese Information sehe ich gerade nicht“, als: „Das stimmt nicht.“

Wenn das Medium keinen ständigen Informationsfluß produziert, kannst du ein paar Vorschläge machen. Benutze aber nicht alle auf einmal in einer Sitzung. Die Führende spricht nur so viel, daß das Medium zum Sprechen ermuntert wird.

1. Stell dir vor, du bist Jane und nimmst die Welt so wahr wie sie.

2. Folge dem Tagesverlauf von Jane und beobachte ihre Handlungen, was sie tut, wie sie fühlt und worauf sie reagiert.

3. Beobachte Jane genau, wenn sie beispielsweise ißt oder läuft.

4. Fahre mit deinen Händen über einen bestimmten Körperteil.

5. Wenn sich das Medium bewegt, frag es sofort, wie es sich dabei fühlt.

Um dich bei deiner Praxis zu unterstützen, habe ich im folgenden ein Beispiel für die Führende und ihre Möglichkeiten zur Anleitung des Mediums bei einer psychischen Diagnose gegeben.

■ ■ ■ ■ ■ ■ ■ *Psychische Diagnose* ■ ■ ■ ■ ■ ■ ■

Lege dich bequem hin und entspanne dich. Dein ganzer Körper entspannt sich, du fängst bei den Zehen an und läßt die tiefe Entspannung durch deinen ganzen Körper strömen bis zu deinem Kopf. Du bist jetzt vollkommen entspannt.

Benutze ein ruhiges Bild, um dich tief zu versenken. Sag mir, wenn du fortfahren möchtest.

Während du dich also immer tiefer versenkst, erfährst du deine Fähigkeit, dein Bewußtsein zu einer anderen Person zu lenken. Dadurch erhältst du Informationen über diese Person, du erfährst, wie es ihr körperlich und seelisch geht, und kannst ihr somit helfen. Versenke dich immer tiefer in das Reich intuitiven Bewußtseins.

Sag mir, wenn du tief genug bist. *Warte auf ihr Zeichen.*

Ich nenne dir jetzt den Namen der Person, mit der du Kontakt aufnimmst. Du stellst eine sehr enge, angenehme Verbindung zu dieser Person her.

Laß dann das Bild (Jane Smith, 25 Jahre, aus Boston, Massachussetts) in deinem Geist aufsteigen. Das Bild von Jane Smith ist jetzt da. Erkläre ihr, daß du die psychische Diagnose erlernst und sie als Beispiel gewählt hast. Wenn sie ja sagt, fahren wir fort, sonst suchen wir eine andere Person. (Bei „Ja" weitermachen, bei „Nein" das Bild auslöschen und einen anderen Namen versuchen.) Nun umgib Jane und dich mit einem Schutzkreis. Sage dir, daß ihr beide vor allem Ungemach geschützt seid.

Jetzt siehst du Jane sehr lebendig vor dir. Laß dein Bewußtsein mit dem ihren eins werden. Fühle ihre Gefühle, erfahre ihre Erfahrungen. Wenn du Jane nun sehr klar erkennst, achte auf Gefühle, Empfindungen oder Bilder, die du von ihr bekommst, und laß es mich wissen. Falls du meinst, du stellst dir das alles vor, ist es das richtige Gefühl. Denk daran, daß es eine Übung ist. Richte weiter dein Bewußtsein voll auf Jane und erzähle mir darüber. *Höre etwa zehn Minuten zu.*

Konzentriere dich noch ein wenig mehr auf Jane und sag mir, ob noch andere Dinge auftauchen, die du bisher nicht erwähnt hast. *Halte eine Minute inne.* Schicke jetzt deine Heilkraft zu Jane und sage mir, wenn du fertig bist. Danke Jane, entlasse ihr Bild aus deinem Bewußtsein. Laß ihr Bewußtsein von deinem schwinden. Laß die Gefühle los, die Empfindungen und Bilder, die du von ihr aufgenommen hast. Entlasse Jane vollkommen aus deinem Bewußtsein und spüre, wie deine Identität vollkommen heil ist.

Kehre behutsam zurück in dein Alltagsbewußtsein. Du bist ganz wach und voller Energie.

■   ■   ■

ASTRALPROJEKTION

Der Astralkörper, Hülle des physischen Körpers mit der geringsten Dichte, kann willentlich bewegt werden. Der Astralkörper, auch Energie oder Lichtkörper genannt, verläßt den physischen Körper jede Nacht im Schlaf. Durch die Silberschnur ist er mit dem physischen Körper verbunden. Erst beim Tod wird diese Schnur getrennt. Ruckartiges Erwachen kann häufig durch die schnelle Rückkehr des Astralkörpers in den physischen bedingt sein. Solche nächtlichen Unternehmungen sind ganz natürlich. Die meisten von uns erinnern sich nicht daran. Oder wir verwechseln es mit Träumen. Wie oft schon bist du so schnell aus einem Traum erwacht, daß du nicht wußtest, ob es ein Traum war oder ein wirkliches Ereignis. Häufig sind gerade die lebendigsten Träume im Grunde Astralreisen.

Du kannst die Erinnerung an diese nächtlichen Astralreisen dadurch trainieren, daß du dir sagst, daß du dich erinnern wirst. Du entspannst dich dazu jedesmal vor dem Einschlafen und sagst dreimal zu dir selbst: „Ich schlafe ganz bequem und erinnere mich an meine Astralreisen." Es kann ungefähr eine Woche dauern, bis es klappt, aber dann wirst du dich erinnern.

Du kannst durch intensives Üben auch lernen, den Astralkörper nach deinem Willen zu lenken. So lange du dies lernenderweise tust und nicht des Schnüffelns wegen, brauchst du nichts zu befürchten. Macht dir bereits die Vorstellung von Astralreisen Angst, dann laß es lieber. Die Wissenschaft fand heraus, daß der Atem sich bei Astralreisen verändert. Das könnte Leuten mit Herzproblemen zu schaffen machen. Auch in einem solchen Fall solltest du es lieber lassen.

Mit der richtigen Einstellung können Astralprojektionen Spaß machen und interessant sein. Du wirst Erfahrungen sammeln, die dir sonst schwer zugänglich sind — beispielsweise weit abgelegene Orte besuchen. Bei Astralreisen brauchst du einen disziplinierten Geist. Sobald du den physischen Körper verlassen hast, bist du durch ihn nicht mehr begrenzt. Du kannst dann beispielsweise durch die Wand gehen oder andere anscheinend feste Körper durchdringen. Du reagierst unmittelbar auf Gedanken; was du denkst, wird geschehen.

Reise nirgendwohin, wo du nicht eingeladen bist, es sei denn, deine Freunde/innen lieben die Spontaneität — das gilt auch für Astralreisen. Laß sie wissen, daß du derartige Reisen unternimmst. Beweisen lassen sich Astralreisen beispielsweise durch folgende Übung: Besuche in deinem Astralkörper eine Freundin oder einen Freund, bei denen du noch nicht zu Hause warst. Dort merke dir zwei Besonderheiten, die du dann später nachprüfen kannst. Falls du dir Details nicht merken kannst, sondern eher die Atmosphäre, dann merke dir diese. Wenn du eine Freundin besuchst, um zu sehen, wie es ihr geht, erinnerst du dich wahrscheinlich leichter an ihre Emotionen als an ihre Möbel. Schließlich bist du deswegen gekommen. Merke dir nur zwei oder drei konkrete Dinge, die du nachher verifizieren kannst.

Ich habe eine Übung eingefügt, die dich bei deinen Astralreisen unterstützt. Du kannst auch allein üben. Denk daran, daß du zu einer Zeit üben solltest, in der du zumindest eine halbe Stunde ungestört bleibst. Entspanne dich vollkommen, bilde einen Schutzkreis und stell dir vor, wie dein Astralkörper sich erhebt und deinen physischen Körper verläßt. Vielleicht ist dir die Vorstellung lieber, daß dein Astralkörper deinen physischen Körper nur nach und nach verläßt. Vielleicht magst du bei den Füßen anfangen, bis dein ganzer Körper sich entfernt hat. Vielleicht magst du zunächst in der gleichen Art reisen wie dein physischer Körper: Du verläßt die Wohnung, steigst ins Auto usw. Wichtig dabei ist, sich vor Augen zu halten, daß dies eine ganz natürliche Reiseform ist — du tust es jede Nacht im Schlaf —, also kannst du dich vollkommen entspannen und die Reise beginnen. Es gibt unterschiedliche Wahrnehmungen beim Verlassen des Körpers. Die meisten Leute beschreiben etwas angenehm Dahinschwebendes. Es kann aber auch manchmal ruckartig geschehen, und es dauert, bis diese Rückkehr oder das Austreten leicht bewältigt werden.

■ ■ ■ ■ ■ ■ ■ *Astralprojektion* ■ ■ ■ ■ ■ ■ ■

Entspanne, versenke und schütze dich. Du bist jetzt ganz entspannt. Jeder Muskel, jede Sehne ist locker und entspannt. Du bist in einen schimmernden Lichtkreis vollkommen eingehüllt. Spüre diesen wunderschönen Lichtkreis. Laß diesen Lichtkreis nun in deinen Körper eintreten. Das Licht fließt in deinen Körper. Dein Körper füllt sich mit diesem Licht. Du bist zu einem Lichtkörper geworden.

Laß diesen Lichtkörper nun aus deinem physischen Körper austreten. Laß deinen physischen Körper einfach auf dem Boden zurück. Dein Bewußtsein befindet sich in deinem Lichtkörper, mit dem du von deinem physischen Körper fortreist. Du weißt, daß dein physischer Körper im Zimmer zurückbleibt, weiteratmet und funktioniert — dein Bewußtsein aber reist mit dem Lichtkörper vom physischen Körper weg. Denk daran, daß dein Lichtkörper wieder in deinen physischen Körper zurückkehrt. Nun aber wirst du lernen, zwischen den Dimensionen zu reisen, ganz weit weg zu fahren oder auch nur eine kurze Strecke — ganz nach Belieben. Geschützt in diesem Licht, beginnst du die Reise — du bist das Licht. Dein physischer Körper bleibt ganz sicher im Zimmer.

Du reist jetzt in deinem Lichtkörper. Reise durch den Raum. Fliege mit deinem Lichtkörper zur Decke und durch den ganzen Raum. Erkunde jede Ecke des Raums.

Du fliegst nun über deinen physischen Körper und siehst ihn da liegen. Zu deinem Erstaunen stellst du fest, daß du hinauffliegst, durch die Decke und das Dach hindurch. Es fällt dir ganz leicht. Du schwebst nun über dem Haus, steigst immer höher. Du läßt dich jetzt über der Erde treiben. Du fliegst hoch über der Erde, verlierst aber nicht meine Stimme. Du hörst meine Stimme und läßt dich immer höher tragen.

Du läßt dich sicher von meiner Stimme führen und fliegst nun tiefer, läßt dich fallen oder schwebst. Du kehrst zurück zur Erde, gehst durch das Dach zurück in dieses Gebäude, zurück in den Raum und fliegst wieder tiefer. Du fliegst zu deinem Körper. Fliegst daran vorbei in die Erde hinein. Zum Mittelpunkt der Erde. Du bewegst dich immer tiefer und hörst meine Stimme.

Du fühlst dein Bewußtsein im Lichtkörper und läßt dich wieder hinaufziehen. Schwebe, bewege dich durch die Erde, bewege dich zurück, und durch die Erdkruste kehrst du zu deinem Körper zurück, gehst aber noch nicht hinein, sondern bewegst dich seitwärts. Du bewegst dich nach links, hinauf und hinunter, ganz nach deinem Belieben, bleibst aber bei der nach links gehenden Bewegung. Du gehst ganz weit nach links. Du reist schneller und dann wieder langsamer — Geschwindigkeit ist etwas Relatives. Du reist in deinem Lichtkörper, weit weg — geführt von meiner Stimme.

Du kommst jetzt wieder zurück zu deinem Körper, siehst ihn, gehst aber noch nicht hinein, denn nun bewegst du dich nach rechts. Auf und ab, aber immer nach rechts. Schneller, langsamer. Geschwindigkeit ist relativ. Du bewegst dich nach rechts, weit nach rechts, meine Stimme führt dich, während du dich nach rechts bewegst.

Nun kommst du wieder zurück zu deinem Körper, schwebst über deinem Kopf, gehst aber noch nicht hinein, denn noch bleibt eine Richtung zu reisen. Du reist jetzt ganz schnell nach Hause, dorthin, wo du lebst, und stattest einen Besuch ab. Du bist nun zu Hause. *Verweile etwa eine Minute.*

Du verläßt dein Haus und kehrst in deinen physischen Körper zurück. Dein Lichtkörper schwebt über deinem physischen Leib. Du siehst deinen Leib und weißt ganz klar, daß er während deiner Astralreise gut aufgehoben war. Behutsam kehrst du in deinen Leib zurück. Laß deinen Lichtkörper einfach wieder in deinen physischen Körper hineingleiten, ganz sanft. Du bist wieder in deinem Leib. Werde dir der Vollkommenheit deines physischen Körpers bewußt. Du weißt, daß du einen Lichtkörper hast und daß dein Lichtkörper sich in deinem Leib befindet. Denke daran, daß dein Lichtkörper ohne deinen Leib reisen kann, wenn du es nur willst.

Du hörst meine Stimme, sie ruft dich zurück, zurück in deinen physischen Körper, in diesen Raum, zu deinem Alltagsbewußtsein. Du bist vollkommen wach und voller Energie. Sobald du bereit bist, kannst du die Augen öffnen und deinen Körper strecken und dehnen.

■   ■   ■

KAPITEL FÜNF

HEILEN

Frauen sind seit jeher heilkundig gewesen. Sie waren die unbestallten Ärzte und Anatomen der abendländischen Vergangenheit. Sie waren Abtreiberinnen, Pflegerinnen und Ratgeberinnen. Sie waren Pharmazeutinnen, entwickelten die Kräuterheilkunde und weihten einander in die Geheimnisse ihrer Wirkungsweise ein. Sie waren Hebammen, zogen von Haus zu Haus und von Ort zu Ort. Jahrhundertelang waren diese Frauen Ärztinnen ohne Titel, denen der Zugang zu Büchern und Vorlesungen versperrt war. Sie lernten voneinander und gaben ihr praktisches Wissen von Nachbarin zu Nachbarin und von Mutter zu Tochter weiter. „Weise Frauen" hießen sie im Volksmund, Hexen oder Kurpfuscherinnen für die Obrigkeit. Die Heilkunde ist Teil unseres Frauenerbes, unserer Geschichte, unseres Geburtsrechts. (Ehrenreich/English: *Hexen, Hebammen und Krankenschwestern*, München 1975.)

Die uralte Kunst des Heilens ist tief verwurzelt im Hegen und Pflegen der Frauen. Seit alters her hatten Frauen mit Geburt, Sorgen, Essenszubereitung und Vorratshaltung sowie mit der Versorgung von Kranken und Alten zu tun. Diese Erfahrungen machten uns mitfühlend und mitleidend — und somit erfanden wir die ersten Heilmittel.

Vor dem Einzug der modernen Technologie lebten die Menschen noch viel verbundener mit der Erde. Der Rhythmus ihres Lebens richtete sich nach den Jahreszeiten. Intuition leitete die Menschen: Sie spürten und fühlten die Verbindung zwischen Innen und Außen; Körper, Geist und Seele; Gedanken und Taten. Heilen wirkt aufgrund dieser Verbindungen. Grundlage der Heilkunst ist die Anerkennung einer gemeinsamen Lebenskraft, die alles Leben im Universum verbindet. Diese Kraft, diese Lebensenergie, wird beim Heilen zwischen den Menschen ausgetauscht.

Sind Körper, Geist und Seele verbunden, bewegen wir uns in Einklang mit dem Universum und verfügen über eine Fülle an Energie. Wir sind dann ganz gesund. Die Lebenskraft entströmt dem Universum und fließt in einem immerwährenden Fluß auch durch unseren Körper. Verspannen wir uns, blockieren wir die Energie und werden müde oder krank. Heilen heißt blockierte Energien freizusetzen. Bewegung, frische Luft, Sonne und genügend Ruhe, gesunde Nahrung, der freie Ausdruck der Gefühle, positive Grundhaltung — all das läßt die Lebensenergie frei fließen. Im psychischen Heilen werden Atemübungen und Imaginationen zur Aufrechterhaltung des freien Energieflusses benutzt. Heilen ist nichts Geheimnisvolles. Es ist eine Gabe, die wir alle besitzen. Die Lebensenergie ist immer um uns und kann ständig genutzt werden — solange wir offen sind, sie zu empfangen. Heilenergie kann sich als Licht, Farbe oder Tonschwingung manifestieren, aber auch als Bild oder Vorstellung.

Die Heilende sieht sich als Kanal für heilende Energieströme. Sie zieht Energien in ihren Körper oder macht sich dafür empfänglich. Sie kann sich selbst damit heilen oder andere. Heilen ist Lieben; Lieben ist Heilen. Jedesmal wenn die Heilerin ihren Körper als Kanal für die heilende Energie nutzt, wird sie selbst geheilt. Nie wird sie erschöpft, denn nie sendet sie ihre eigene Energie aus.

Der Heilprozeß besteht nicht einfach darin, sich der universalen Energie zu öffnen. Es gehört mehr dazu, als Imaginationen heraufzubeschwören, Hände aufzulegen oder Atemübungen zu machen. Heilen ist eine Reise ins innere Selbst — eine Suche nach der Seele, der Essenz des Lebens. Heilen heißt Harmonisierung von Außen und Innen. Heilen verbindet und integriert. Heilen ist die Wiedervereinigung von Körper, Geist und Seele.

Die Reise nach innen bewirkt einen allmählichen Prozeß zunehmender Selbst-Bewußtheit. Unsere Vorstellungen über Krankheit und Gesundheit müssen dabei notwendigerweise überprüft werden. Wir haben alle gelernt, krank zu sein. Wir halten unseren Körper für schwach und gebrechlich und glauben, daß nur professionell ausgebildete Fachleute uns heilen können. Wir haben gelernt, unangenehmen Situationen durch Krankwerden auszuweichen — statt uns der Situation direkt und ehrlich zu stellen.

Krankheit ist ein Signal deines Körpers, er sagt dir damit, daß etwas nicht in Ordnung ist. Schenkst du diesen Botschaften früh genug Beachtung (beim ersten Muskelschmerz etwa), kannst du einige Krankheiten vermeiden. Beobachte, wann du krank wirst. Was geschah vor dem Krankwerden? Kannst du dir Zeit nehmen und dich entspannen? Oder ist die Grippe das einzige, was dich bremst? Wie oft schon warst du traurig und wütend und hast diesem Gefühl keinen Ausdruck gegeben, statt dessen aber Rückenschmerzen verspürt? Ist Krankwerden deine einzige Möglichkeit, um Liebe und Anerkennung zu bitten?

Krankheiten sind Metaphern. Du solltest sie genau wahrnehmen. Wo in deinem Körper hältst du die Spannung? (Beine, Schultern, Nacken.) Welche Körperteile sind deine anfälligsten? Was bedeuten dir diese Körperteile? Jede Person hat ihre Vorstellungen von den verschiedenen Körperteilen und Krankheiten, die oft genug Hinweise zum Verständnis der Krankheit liefern.

Heilen heißt, herauszufinden, wo die Energie blockiert wird und wie sie gelöst werden kann. Heilen kann spontan geschehen. Meist jedoch ist es ein allmählicher Prozeß zunehmender Bewußtwerdung. Dein Körper wurde nicht über Nacht krank, und es dauert länger als eine Nacht, ihn zu heilen. Ein Verständnis der symbolischen Bedeutung einer Krankheit gibt dir den Schlüssel zum Verstehen der Energieblockade, was wiederum bei der Lösung hilft.

Krankheit kann dir die Möglichkeit geben, dich selbst zu entdecken und dich zu entfalten. Gesunde Leute nehmen sich selten die Zeit zur Selbstbetrachtung — sie fragen nicht, wer sie sind, woher sie kommen und wohin sie gehen. Oft werfen wir erst bei Krankheit oder in Krisensituationen einen genauen Blick auf uns selbst. Wenn du dir dazu die Zeit nimmst, bist du auf dem besten Weg, gesünder, glücklicher und erfüllter zu leben. (Nicht immer kannst du deine Vorstellungen und Glaubenssätze während einer Krankheit überprüfen. Da brauchst du wahrscheinlich deine Energie, um das Leiden zu verringern. Später jedoch wirst du leichter erkennen, wozu die Situation gut war.)

Wir alle tragen einen Kampf auf Leben und Tod in uns aus. Wer sich eine Krankheit zuzieht, hat sich mit dem Tod identifiziert und muß sich zwischen Tod und Leben entscheiden. Dazu muß ich mich selbst ernst nehmen. Wer bin ich? Wohin gehe ich? Wie bin ich in diese Situation hineingeraten? Was kann ich tun, um herauszukommen? Will ich überhaupt? Befassen wir uns mit einem solchen Problem, ist die Hilfe von Heilenden, therapeutisch Tätigen, Chiropraktiker/inne/n und Ärzt/inn/en angesagt. Es muß eine Entscheidung über die Behandlung getroffen werden. Verschiedene Behandlungen können in Frage kommen und schließen einander nicht unbedingt aus.

Ich habe hier eine Liste von Krankheiten, Körperteilen und den allgemein gängigen Zuordnungen beigefügt. Diese Liste soll Heilbehandlungen nicht ersetzen. Es ist vielmehr der erste Schritt auf dem Weg zu einer inneren Klarheit. Nichts ist absolut. Wenn du dir ein Bein brichst, ist es nicht das gleiche, als wenn deine Freundin sich das Bein bricht. Die Ursachen können durchaus verschieden sein. Verständnis für die Gründe deiner Krankheit und Verantwortung für deine Gesundheit bedeuten nicht, daß du dich selber herunterputzt, wenn du krank wirst. Eine solche Verurteilung deiner selbst wird den Heilprozeß eher hindern. Es steht dir auch nicht zu, über andere zu urteilen oder zu entscheiden, warum sie krank sind. Du kannst die persönliche Entwicklung oder die spirituelle Entfaltung eines Menschen nicht an dessen Gesundheitszustand ablesen. Leiden macht dich nicht unbedingt besser. Wenn du das glaubst, hinderst du dich an deiner Entfaltung. Gesund zu sein, heißt noch lange nicht, entwickelter zu sein. Jede Situation ist einzigartig. Die Verbindung zwischen Gefühlen und Krankheiten zu erkennen befreit noch nicht auf Anhieb von der Krankheit. Jede Situation kann verbessert werden — im allgemeinen mehr als du denkst.

Manchmal wirst du krank und findest — zumindest in deinem jetzigen Leben — keine Erklärung dafür. Das könnte bedeuten, daß die Krankheit in einem anderen Leben verursacht wurde. Manche nennen es karmische Krankheit. Doch selbst hier läßt sich etwas ändern. Ein behindert geborenes Kind hat vielleicht diese Behinderung gewählt, weil es daraus lernen will. (Das heißt nicht, daß das Leid des Kindes nicht gelindert werden soll. Das wäre eine entsetzliche Fehlinterpretation von Karma.) Es kann sein, daß du auf einer sehr tiefen Ebene etwas über eine bestimmte Krankheit erfahren willst. Oder du wolltest durch Erleiden einer bestimmten Krankheit eine bestimmte Lektion lernen. Manchmal bedarf es eines Traumas, um die Schwingung des Körpers zu verändern. Was auch immer der Grund für deine Krankheit sein mag — du kannst sicher sein, daß du Wachstum und Veränderung durch ernsthaftes Suchen und Verstehen erreichst.

Dies ist die Liste der Beschwerden, Körperteile und der üblichen Zuordnungen:
Kopfweh: Gefühl von Inkompetenz, Druck zu konformem oder perfektem Verhalten; mit den Gefühlen des Körpers nicht im Einklang.
Augenprobleme: Situation, die du nicht sehen willst.
Ohrenprobleme: Etwas, das du nicht hören willst.
Zahnprobleme: Schwierigkeit, Ärger und Aggression auszudrükken.

Zahnfleisch/Mundprobleme: Schwierigkeiten, sich auszusprechen; Unfähigkeit, Ärger auszudrücken; Schwierigkeit, sich selbst zu „füttern", zu pflegen, zu umsorgen.

Halsweh: Unfähigkeit, zu sagen, was einen ärgert — die Worte bleiben im Hals stecken; Probleme in der Kommunikation; von Gefühlen erdrückt.

Arme und Hände: Unfähigkeit, Dinge zu begreifen; Probleme mit Manipulation; Unfähigkeit, sich schöpferisch auszudrücken.

Herzprobleme: Unfähigkeit, Liebe und Zuneigung auszudrücken; tiefe Traurigkeit; ein gebrochenes Herz.

Asthma oder Atemprobleme: Person, Situation oder Verhalten, etwas, das dich erstickt, das du nicht loswirst; es sitzt dir auf der Brust.

Magen- oder Verdauungsprobleme: Person, Verhalten oder Situation, die du nicht verdauen kannst; etwas, das du nicht verarbeiten kannst, Unfähigkeit zur Aufnahme oder zur Ausscheidung.

Erbrechen: Schmerzhafte oder negative Gefühle loswerden.

Geschwüre: Verhalten oder Situation, etwas, das „auffrißt", tiefsitzender Ärger.

Hautprobleme: Ärger oder Irritation, die aber nicht so tief gehen wie bei einem Geschwür, denn die Haut ist ja die Oberfläche.

Durchfall: Übererregtheit; etwas nicht aufnehmen können oder negative Gefühle loswerden wollen.

Verstopfung: Weigerung, etwas loszulassen; Festhalten an Glauben und Gefühlen.

Beine und Füße: Schwierigkeiten mit Abhängigkeit; Unfähigkeit, auf den eigenen Beinen zu stehen; Unfähigkeit, die Interdependenz in allem zu akzeptieren.

Knieprobleme: Unbeugsame Haltung; weiche Knie bekommen; Mangel an Bescheidenheit; Gefühl des zu tiefen Hineinkniens.

Krampfadern: Ärger; ein Gefühl, als ob man jemandem einen Tritt versetzen sollte, so daß das Blut in die Beine fließt und dort blockiert wird.

Erkältung, Schnupfen: Unfähigkeit zu weinen.

Grippe: Kann ein „kleiner Selbstmord" genannt werden, da sie oft plötzlich beginnt, der Körper ist völlig erschöpft; Folge: Depression. (Rauchen oder andere gesundheitsschädigende Gewohnheiten können durchaus auch als kleine Selbstmorde gesehen werden.)

Vaginitis, Probleme mit den Fortpflanzungsorganen: Negative sexuelle Gefühle oder Verhaltensweisen; Unfähigkeit, eine schmerzhafte sexuelle Erfahrung loszulassen; Probleme beim Sorgen und Umsorgtwerden.

Arthritis: Probleme beim Loslassen und Ausdrücken von Ärger; Gelenke werden angespannt und verspannt und somit abgenutzt.

Schulterprobleme: Du glaubst, du trägst die Welt auf deinen Schultern; Erlösungskomplex.

Rückenschmerzen: Zuviel Verantwortung übernehmen; die Superfrau sein wollen; mit Abhängigkeit kämpfen; kein Rückgrat haben; starre und sture Verhaltensweisen; Mißbrauch der Willenskraft.

Krebs: Ein Tumor ist ein alles verschlingendes Wachstum. Die Zellen vermehren sich — nicht weil sie Leben erhalten wollen, sondern um das Leben zu zerstören. Anfangs sehen Tumorzellen ähnlich aus wie die Zellen des Fötus, am Schluß aber steht Tod und nicht Geburt.

In einer Kultur wie der unseren, in der die weibliche Energie, das Yin, die Mutter, unterdrückt werden, wird Wachstum vereitelt. Die Menschen führen einen unglaublichen Kampf, um psychisch, spirituell und emotionell zu wachsen. Wird dieses Wachstum blockiert, kann Krebs entstehen. Alle müssen mütterliche, pflegende Eigenschaften in sich entwickeln. Wird dies Frauen wie Männern versagt, neigen sie zu permanentem Bemuttern und Kümmern. Sie geben dann anderen immer mehr und sich selbst nichts oder klammern sich an etwas oder andere, können Gefühle, Verhaltensweisen oder Menschen nicht loslassen. Ein Ungleichgewicht kann auch durch die Unfähigkeit zum Bemuttern entstehen, sei es, daß man sich selbst nicht schützt oder auch andere.

SELBSTHEILUNG

Entspanne, versenke und schütze dich, wenn du mit der Selbstheilung beginnst. Du kannst dir auch einen Traumraum für die Heilung schaffen, wenn du magst. Begib dich dorthin und sieh dich umgeben von heilender Energie. Du kannst dir diese Energie als Licht, Farbe oder Tonschwingung vorstellen, oder auch etwas anderes vor deinem geistigen Auge auftauchen lassen, das für dich Heilen bedeutet. Du fühlst vielleicht einen warmen Schein oder spürst ein Prickeln.

Selbstheilung kann zu jeder dir angemessen erscheinenden Zeit geübt werden. Wenn du vor dem Schlafengehen übst, kannst du dir vorstellen, daß die Heilung in der Nacht fortgesetzt wird und daß du entspannt, frisch und munter aufwachst. Die Zeit vor dem Schlafengehen eignet sich auch bestens zur Wiederholung der Heilaffirmationen. Sich vor dem Einschlafen zu entspannen, ist eine vortreffliche Idee, wirst du doch dadurch in einen wirklich heil- und erholsamen Schlaf fallen. Manche Leute schlafen genauso verspannt ein, wie sie tagsüber waren. So werden sie durch den Schlaf nicht wirklich erfrischt und regeneriert. Sobald du dich entspannt hast, kannst du Affirmationen wie diese wiederholen: „Vollkommene Gesundheit ist mein natürlicher Wesenszustand." „Ich werde erholsam schlafen und voller Energie aufwachen." „Jede Zelle meines Körpers regeneriert sich, mein Herz schlägt stark und gleichmäßig, meine Lungen füllen sich mit heilender Energie, und beim Ausatmen lasse ich jegliche Spannung los und atme alle Gifte aus." „Meine Wirbelsäule ist gerade, meine Muskeln und Sehnen sind entspannt." „Ich bin eine starke, vitale, energiegeladene Frau."

„Heilender Raum" ist eine Übung zur Selbstheilung.

■ ■ ■ ■ ■ ■ ■ ■ *Heilender Raum* ■ ■ ■ ■ ■ ■ ■ ■

Entspanne, versenke und schütze dich. Stell dir vor, du bist an einem einsamen Strand. Du gehst am Strand entlang, fühlst den Wind, bist dir der Wärme der Sonne bewußt und spürst die salzige Meeresluft auf deinem Körper. Lausche dem Geräusch der Wellen, wie sie gegen den Strand branden, und fühl dich geschützt. Geh weiter durch die Sanddünen. Du findest einen Höhleneingang, gehst hinein, wirst von meiner Stimme geführt und gehst durch das Labyrinth der Zeit. Geh hinunter in die Tiefen der Erde. Zu deiner Linken findest du nun den Heilraum. Es ist ein wunderschöner und heiterer Ort, an dem du die ruhige expansive Kraft in dir entdeckst und reine Energie aus dem Universum empfängst.

Sieh und empfinde die pulsierende, strahlende Energie um dich her. Du badest in der Wärme und dem Glanz dieser Energie. Zieh sie in deinen Körper, während du einatmest. Nutze diese Energie als Massage, um Spannungen abzubauen, und beim Ausatmen gibst du dann alle Spannung ab. Spüre, wie die Energie durch deinen Körper strömt, so wie es dein Blut tut. Laß die Energie jede Zelle, jedes Gewebe erfüllen. Laß sie tief ins Knochenmark hineinsinken.

Atme tief, atme heilende Energie ein. Schicke die Energie in deine Beine und Füße. Laß sie in deine Beine und Füße fließen, wie es dein Blut tut. Beim Ausatmen läßt du Spannung los. Heilende Energie fließt in deine Beine und Füße, und dein Körper kehrt zurück zu seinem natürlichen Gesundheitszustand.

Atme tief und sende heilende Energie in dein Becken. Laß die Energie durch dein Becken strömen und alle Spannung auflösen. Beim Ausatmen strömt Spannung mit aus.

Atme tief, schicke die Energie jetzt in deinen Bauch. Laß die Organe von Energie erfüllt werden. Jede Zelle, jedes Gewebe ist mit heilender Energie erfüllt. Heilen bedeutet die Wiederherstellung gesunder Energiemuster — genau dies machst du jetzt.

Atme tief und fülle deine Brust mit heilender Energie. Laß jede Zelle und jedes Gewebe sich mit heilender Energie füllen. Beim Ausatmen läßt du Spannung los, gibst Gifte ab, und dein Körper kehrt zu seinem natürlichen Gesundheitszustand zurück.

Atme tief und sende heilende Energie in deinen Rücken. Dein Rücken, deine Schultern und dein Nacken sind von heilender Energie erfüllt. Alle Muskeln und Sehnen sind vollkommen entspannt. Heilende Energie fließt durch deinen Rücken, die Schultern und den Nacken, und du erlangst einen vollkommenen Zustand der Gesundheit.

Atme tief und sende die heilende Energie in deine Arme und Hände. Laß die Energie in deine Arme fließen, wie es dein Blut tut.

Atme wiederum tief, atme heilende Energie ein. Schicke sie in deinen Kopf. Fülle deine Lippen, dein Kinn, die Wangen, deine Augen, deine Nase, den Mund und die Ohren. Spüre die Energie, wie sie durch deinen Schädel strömt. Diese Energie ist immer um dich her und steht dir ständig zur Verfügung.

Entspanne nun eine Weile in diesem Heilraum. Fülle dich mit der Essenz der Göttin. Fühle und spüre deine Verbindung zum ganzen Kosmos. Dies ist dein Raum, du hast ihn geschaffen. Wann immer du das Bedürfnis verspürst, kannst du dahin zurückkehren. Du kannst dich entspannen und der heilenden Energie des Universums öffnen. Wenn du bereit bist, verläßt du die Höhle, gehst hinauf und zurück zum Meer, hinauf zu deinem Alltagsbewußtsein. Du kehrst sehr entspannt zurück. Du bist erfrischt und voller heilender Energie.

■ ■ ■ ■ ■

HEILEN GEWÖHNLICHER BESCHWERDEN

Mit besonderen Atemübungen können Halsweh, Erkältungen und ähnliches geheilt bzw. Schmerzen gelindert werden. Beginne mit der Atemübung, sobald du das Halsweh spürst. Rolle deine Zunge, wie eine Katze es tut, atme durch den Mund ein und durch die Nase aus. Dein Mund wird sich zwar sehr trocken anfühlen, atme dennoch einige Minuten lang so. Wiederhole dies stündlich, bis das Halsweh verschwindet. Ich habe es mit Erfolg ausprobiert.

Gegen eine verstopfte Nase hilft dies: Lege Daumen und Zeigefinger beidseitig der Nase unter die Augen. Wenn du Rechtshänderin bist, nimmst du die linke Hand und umgekehrt. Dann atme mit Pausen. Atme durch die Nase ein und aus, und während deine Lungen leer sind, stellst du dir vor, wie heilende Energie deine Nase füllt und die Verstopfung löst. Dann atme wieder ein. Versuche mindestens zwei Minuten lang so zu atmen, und halte die Lungen so lange leer, wie du dir die heilende Energie vorstellen kannst. Wenn die Verstopfung sich löst, solltest du ein kleines Knackgeräusch hören. Wiederhole die Übung, bis du geheilt bist.

Ähnlich sieht die Übung aus, wenn du sie bei Atemschwierigkeiten infolge Asthmas anwenden möchtest. Dazu legst du Daumen und Zeigefinger (der linken Hand, wenn du Rechtshänderin bist und umgekehrt) an beide Seiten der Kehle, über dem Schlüsselbein. Wende die gleiche Atemtechnik an. Du kannst die Finger auch weiter unten auf die Brust legen. Finde heraus, was dir gut tut. Atme, wie oben beschrieben.

SCHMERZ VERTREIBEN

Jeder Schmerz zeigt an, daß irgendwo etwas nicht stimmt. Deshalb solltest du erst die Ursache deines Schmerzes herausfinden, bevor du ihn vertreibst. Magenweh könnte beispielsweise auch eine Blinddarmentzündung sein. Nimmst du also zum Beispiel den Schmerz von einem verstauchten Fuß, ist der Fuß — selbst wenn du den Schmerz dann nicht mehr spürst — noch immer verstaucht und braucht Zeit zum Heilen. Also solltest du nicht zu schnell damit herumspringen.

Schmerzen kannst du vertreiben, indem du dich versenkst und dir sagst, daß du von zehn bis eins zählst, und wenn du bei eins anlangst, sind die Schmerzen verschwunden, und du fühlst dich klar und wohl. Dann zähle langsam, und bei eins wirst du dich klar und angenehm fühlen. Falls der Schmerz sehr groß ist, wirst du es wahrscheinlich mehrmals machen müssen; und/oder eine Freundin muß dir dabei helfen, dich bei der Versenkung unterstützen und dich leiten. Formuliere die Affirmationen immer positiv. Wenn du also beispielsweise Kopfschmerzen hast, sage: „Mein Kopf ist klar und angenehm", statt: „Mein Kopfweh ist vorbei." Benutze die Gegenwartsform, wenn du die Affirmation wiederholst, und sage: „Mein Kopf fühlt sich...", statt: „Mein Kopf wird sich fühlen..." Sonst kann dein Geist diese Verbindung schlecht herstellen.

FARBEN HEILEN

Beim Farbenheilen stellt sich die Heilerin die notwendige Farbe vor und atmet sie dann in ihren Körper oder kanalisiert die Farbe in den Körper der Person, die sie heilen will. Farbenheilen läßt sich auch mit Handauflegen kombinieren — schicke die notwendige Farbe durch deine Hände und in den Körper der Person, die du heilst. Du kannst die notwendige Farbe auch ohne Handauflegen übermitteln oder sogar Abwesenden schicken.

Um die richtige Farbe auszuwählen, solltest du dich versenken und fragen, welche Farbe gebraucht wird. Hier eine Liste der gebräuchlichsten Farbassoziationen:

Rot: Stärke, Energie und Vitalität; verbessert den Kreislauf und lindert Schmerz.

Orange: Aufheitern des Nervensystems; bei Brustbeschwerden und Bronchitis.

Gelb: Nerven aufbauend; reduziert Schwellungen und verstärkt den Gallenfluß, bei Hautproblemen.

Goldgelb: Gleitmittel; beseitigt Verstopfung.

Grün: Verstärkt die Vitalität; löst Blutklumpen auf; stellt das Gleichgewicht wieder her.

Gelbgrün: Bei Verlust der Begeisterungsfähigkeit und zur Regeneration des Körpers.

Blaugrün: Beruhigend, fiebersenkend.

Türkis: Beruhigt und befreit von Kopfschmerz.

Blau: Anästhetisierend und fiebersenkend, senkt den Blutdruck.

Violett: Beruhigt, besänftigt, lindert Krämpfe und fördert den Schlaf; löst psychologischen Streß.

Magentarot: Gut bei Herzbeschwerden und für ein Gleichgewicht der Gefühle.

Indigo: Reinigt, lindert Schwellungen; Ohren- und Augenprobleme beruhigend.

Lila: Stimuliert die Venen; beseitigt Verdauungsschwächen.

Weiß: Es ist schön, mit dieser inspirierenden Farbe aufzuhören.

DAS FÜHLEN DER HEILENERGIE

Setz dich bequem hin. Stelle die Füße fest auf den Boden und/oder benutze ein geistiges Bild, um dich zu erden. Dann entspanne, versenke und schütze dich. Sieh dich umgeben von heilender Energie. Reibe deine Hände ganz schnell aneinander, um die Energie zum Fließen zu bringen. Beim Einatmen ziehst du heilende Energie hinein und beim Ausatmen gibst du jegliche Spannung ab. Wenn du das einige Minuten getan hast, atme weiter heilende Energie ein, aber laß diese beim Ausatmen durch die Hände und Fingerspitzen ausströmen. Nähere deine Handflächen einander an, ohne daß sie sich berühren. Nimm die Empfindungen zwischen deinen Händen wahr. Spiele ein paar Minuten mit dieser Energie. Bring die Hände näher zusammen und dann wieder weiter auseinander. Spürst du die Energie? Fühlst du einen Unterschied in den Entfernungen? Sobald du ein Gespür für diese Energie bekommst und sie aus deinen Händen strömen lassen kannst, kannst du anderen helfen. Kehre zurück in dein Alltagsbewußtsein.

ANDERE HEILEN

Heilkräfte sollten nur jenen gesandt werden, die danach verlangen. Jede Person hat das Recht auf ihre Intimsphäre, das Recht auf die eigene Krankheit, und solange sie nicht nach Heilung verlangt, dringst du in die Privatsphäre ein. Jemandem Raum zu lassen, heißt nicht, daß du die Schmerzen nicht ernst nimmst. Du zeigst durch deine Worte und Handlungen, daß du zur Hilfe bereit bist, sobald sie es wünschen. Du kannst jemandem nur das geben, was er/sie wünscht — so frustrierend das für dich auch sein mag. Wenn du heilst, hilfst du der Person, sich selbst zu heilen. Du verbindest dich mit dieser Person und mit der universellen Energie. Du kanalisierst diese Energie — und nicht die deine — in diese Person.

■ ■ ■ ■ ■ ■ ■ ■ *Handauflegen* ■ ■ ■ ■ ■ ■ ■ ■

Setz dich so hin, daß die Füße den Boden berühren und/oder benutze ein geistiges Bild, um dich zu erden. Entspanne, versenke und schütze dich. Reibe deine Hände schnell aneinander, damit die Energie ins Fließen kommt.

Lege deine Hände auf die Person, die geheilt werden soll, eine Hand auf die Stirn und eine Hand auf ihren Bauch. Wenn mehrere Heilerinnen da sind, legt ihr die Hände dahin, wo es gut tut.

Atme langsam, und atme heilende Energie ein. Beim Ausatmen sendest du sie zu den Armen und durch die Hände zu der Person, die du heilen willst. Stell sie dir gesund und heil vor. Schicke ihr die Heilenergie ungefähr fünf bis zehn Minuten lang (oder noch länger, falls du magst). Dann nimm langsam deine Hände weg.

■ ■ ■

■ ■ ■ ■ ■ ■ ■ *Abwesende heilen* ■ ■ ■ ■ ■ ■ ■

Sitze so, daß deine Füße den Boden berühren und/oder benutze ein geistiges Bild, um dich zu erden. Entspanne, versenke und schütze dich. Stell dir die Person, die du heilen willst, gesund und heil vor. Stell dir vor, wie die Energie aus deinem Solarplexus ausstrahlt und zum Körper der Person fließt, die du heilen willst. Sende die Heilenergie, solange du magst, und kehre dann zu deinem Alltagsbewußtsein zurück.

■ ■ ■

KAPITEL SECHS

DIE EIGENE WIRKLICHKEIT SCHAFFEN

Wir erschaffen unsere eigene Wirklichkeit. Die Erfahrungen, die wir machen, und die Situationen, in die wir geraten, sind Ergebnis unserer inneren Wirklichkeit — der Gefühle, Gedanken und Glaubenssätze, an die wir uns halten. Niemand ist einfach ein unglückliches Opfer der Umstände. Wir sind Schöpfer/innen unseres Lebens.

Als Frauen brachte man uns bei, uns als hilflose und ohnmächtige Opfer zu sehen, unfähig zu handeln aufgrund der uns umgebenden Mächte. Es ist gar keine leichte Aufgabe, nun zu erkennen, daß wir unseren Anteil an der Schaffung solcher Umstände tragen. Diese Aufgabe wird um so schwieriger, wenn wir uns mit Schuldgefühlen plagen und daran glauben, daß Strafe gerechtfertigt ist. Verantwortung für eine unangenehme Situation übernehmen, heißt, daß wir unsere Anteile daran verstehen und akzeptieren. Verantwortung zu übernehmen, ist eine positive Handlung, die impliziert, daß Handlung, Verhalten oder Glauben zu uns gehören. Du erkennst damit an, daß du bewußt oder unbewußt an der Schaffung der Situation beteiligt bist. Mit Schuld hat es aber nichts zu tun. Schuld zu geben, ist eine negative Handlung, die Verdammung impliziert. Die Verantwortung für das eigene Leben zu übernehmen, hat mit Schuldzuweisung oder Tadel nichts zu tun, noch bedeutet es, daß wir nicht mit anderen zusammenarbeiten sollten, deren Lebensumstände weniger glücklich sind als die unseren.

Wir erschaffen unsere eigene Wirklichkeit. Dies anzuerkennen bedeutet, daß wir ein Bewußtsein haben, das über unseren physischen Körper hinausgeht. Es bedeutet, anzuerkennen, daß die Welt aus mehr besteht, als aus dem, was wir mit unseren fünf Sinnen wahrnehmen. Es bedeutet, zu verstehen, daß Veränderungen innen beginnen, daß in unserem Geist die Ursachen liegen und unsere Erfahrungen das Ergebnis sind. Es bedeutet das Wissen, daß unsere Gedanken/Gefühle Energieformen sind, die sich auf der physischen Ebene manifestieren.

Die meisten von uns kennen Erfahrungen mit der jenseitigen Welt. In unseren Träumen und Intuitionen erhaschen wir Blicke darauf, ebenso wenn wir auf Energieschwingungsmuster reagieren oder Bilder und Auras sehen oder der inneren Stimme lauschen. Wir lernten, die Existenz solcher Ereignisse zu verleugnen. Zum Glück ändern sich Bewußtsein und Anerkennung der nichtphysischen Welt. Die Frauenbewegung ermutigt uns, uns ernst zu nehmen, zu erkennen, daß unsere Träume, Intuitionen, Ahnungen und Gefühle wichtig und wertvoll sind. Wissenschaftler/innen können jetzt die menschliche Aura fotografieren; mit Biofeedbackmaschinen läßt sich empirisch nachweisen, daß wir unseren Herzschlag und den Stoffwechsel durch Meditation senken können. In der Physik werden Dinge über die Energie entdeckt, die der Metaphysik schon seit Jahrhunderten klar waren. Die Psychologie betont die Bedeutung unserer Träume und ihrer Botschaften.

Jedesmal wenn wir einen Gedanken/ein Gefühl aussenden, wird Energie freigesetzt. Das geschieht — egal ob wir uns dessen bewußt sind oder nicht und auch unabhängig davon, ob der Gedanke negativ ist („Ich bin dumm") oder positiv („Ich kann das"). Die Energie selbst ist neutral, in der Benutzung entscheidet sich ihre positive oder negative Form. Sind die Gedanken/ Gefühle, die wir projizieren, positiv, wird sich die Energie irgendwann in positiven Situationen niederschlagen. Sind die Gefühle/Gedanken negativ, wird die Energie sich zu einer negativen Form verfestigen.

Gedanken sind Dinge, Energieschwingungen, wie alles im Universum. Um etwas zu erschaffen, können wir es zur Existenz denken. Das bedeutet natürlich nicht, daß du jemanden durch deinen Ärger töten kannst. Noch bedeutet es, daß du bloß deine Augen zu schließen brauchst, dir ein neues Auto vorstellst, das dann vor der Tür steht. Und ganz sicher heißt es nicht, daß du nur herumzusitzen brauchst, vor dich hin denkst, träumst und wünschst. Sondern es bedeutet: Alles in diesem Universum war einst ein Gedanke. Wenn du anfängst, dir der Macht der Gedanken bewußt zu werden, kannst du sie kreativ nutzen, um positive Veränderungen in deinem Leben einzuleiten. Gefühle, Gedanken und Glaubenssätze sind nicht beständig: Sie verändern sich oder sind zumindest veränderungsfähig.

Wenn du deine Gedanken benutzen willst, um mehr positive Situationen für dich zu schaffen, mußt du zunächst lernen, sie zu beherrschen. Das ist nicht das gleiche wie unterdrücken. Die Gedanken beherrschen, bedeutet, daß du nur solche Gedanken und Bilder in deinem Geist zuläßt, die du verwirklichen möchtest, und zweitens, daß du fähig bist, den Bilderfluß zu stoppen, den Geist willentlich zu beruhigen.

Wie kann dies erreicht werden? Fang damit an, dir selbst zuzuhören und die Gefühle wahrzunehmen, die in dir aufsteigen, die Verhaltensweisen und Glaubenssätze, die du ausdrückst, und die Bilder, die sich in deinem Geist formen. Engen sie dich ein? Glaubst du beispielsweise, daß deine Erfahrungen schlechter sind als die der anderen? Glaubst du, daß du weder Geld noch Talent hast, deine Wünsche zu verwirklichen? Derartige Gedanken engen deine Möglichkeiten ein. Am Anfang ist es notwendig, erst einmal die Gedanken zu beobachten, ohne sie zu verändern. Bewußtheit ist der erste Schritt. Kritisiere oder verdamme dich nicht wegen deiner Gefühle. Gib auch nicht vor, daß sie nicht existieren. Hast du deine Gedanken, Gefühle und Glaubenssätze eine Zeitlang einfach nur beobachtet, kannst du dich entscheiden, ob es die Dinge sind, die du ausdrücken möchtest. Falls ja — gut. Falls nein, kannst du anfangen, sie zu verändern.

Der Geist wird erst dann mit positiven Gedanken gefüllt werden können, wenn du die negativen losläßt, was nicht das gleiche ist wie unterdrücken. Die Übungen im zweiten Kapitel eignen sich sehr gut für das Loslassen von Verhaltensweisen, Gefühlen und Gedanken, die du entweder für negativ hältst oder als nicht mehr brauchbar ansiehst. Nachfolgend biete ich verschiedene Techniken an, um eine positivere Wirklichkeit zu schaffen: Affirmationen, Symbole und kreative Visualisierung oder Energieprojektion.

AFFIRMATIONEN

Mit Affirmationen kannst du negative Gedankengewohnheiten in positive umwandeln. Affirmationen sind positive Worte zu deiner Gesundheit, Stärke und Weisheit. Affirmationen werden immer wieder wiederholt, am besten in Trance. Um dir eigene Affirmationen zu schaffen, überlege dir Eigenschaften, die du gern verwirklichen möchtest. Dann formuliere die Eigenschaften so einfach wie möglich. Benutze stets die Gegenwartsform. So wird dein Unbewußtes das Ziel verstehen und an der Verwirlichung mitarbeiten. Sage: „Ich bin stark, voller Energie und fähig", statt: „Ich werde stärker und kompetenter." In diesem zweiten Satz stellst du die Situation in die Zukunft, und der Geist wird nicht darauf reagieren. Deine Kraft liegt stets in der Gegenwart. Formuliere die Affirmation positiv, sonst programmierst du dich negativ. Sage: „Ich bin vollkommen wach und frisch", statt: „Ich bin nicht müde." Vielleicht willst du deine Affirmationen aufschreiben und dir hinter den Spiegel stecken oder dahin, wo du sie tagsüber sehen kannst. Das ist nämlich eine gute Verstärkung. Nachfolgend eine Liste der Affirmationen, die mir geholfen haben:

„Ich bin eine starke, in ihrer Mitte ruhende, kreative Frau."

„Ich reagiere nur auf positive Vorschläge."

„Ich habe innere Harmonie gefunden, die durch mich und meinen Körper wie auch meinen Geist fließt."

„Ich bin von einem Kreis liebender, unterstützender Energie umgeben."

„Ich kann meine Energie sammeln und auf die Dinge richten, die ich machen möchte."

„Ich bin in Einklang mit der ruhigen, expansiven Kraft in mir."

„Ich bin da, wo ich sein soll."

„Ich bin ein Kanal für heilende Energien."

„Ich liebe mich; ich bin sanft und geduldig mit mir selbst."

„Meine Energien und Fähigkeiten sowie mein Zutrauen nehmen ständig zu."

„Ich komme aus einem Raum der Liebe und des Überflusses."

„Ich kann mich klar und ehrlich, ganz direkt ausdrücken."

„Ich kann meine Spannungen und meine Verstimmungen loslassen."

„Intuitiv esse ich genau das richtige für mich."

„Alles, was ich brauche, ziehe ich an. Alles, was ich habe, gebe ich weg. Alles, was ich gebe, kommt mannigfach zu mir zurück."

„Ein goldener Geist fließt durch mich, und in diesem Geist werde ich leben."

„Ich ergebe mich dem See meines größeren Bewußtseins." (Vorschlag von Sue Silvermarie.)

„Ich bin die Schöpferin meines Lebens."

„Alles ist eins, und ich bin eins mit allem, was ist."

„Zeit und Richtung sind in Harmonie."

„Ich erreiche tief in mir die Quelle meiner Kreativität."

„Ich bin in Verbindung mit der Quelle meiner Kreativität und Originalität."

„Innere Harmonie ist mein natürlicher Zustand."

„Vollkommene Gesundheit ist mein natürlicher Wesenszustand."

„Ich bin eine ruhige, geduldige und friedliebende Frau."

„In meinem Geist lösen sich alle Gefühle von Haß, Neid und Furcht auf."

„Ich atme Liebe ein und Furcht aus."

„Ich öffne mich dem Fluß der Energie und Führung, so daß ich die besten Möglichkeiten jedes Tages entdecke."

„Die Prioritäten meines Lebens sind mir klargeworden."

„Ich treffe die Menschen, mit denen ich befriedigende und liebevolle Beziehungen für beide Seiten aufbauen kann."

„Ich sehe, wohin ich meine Energien lenken muß."

„Ich kann offen, ehrlich und angemessen mit Ärger umgehen."

„Ich benutze meinen Ärger als Mittel zur Transformation."

„Ich bin gesund, weise und liebe mich wie die anderen."

„Ich habe die Energie, den Mut und die Möglichkeiten, die notwendigen Veränderungen einzuleiten."

„Jeder Atemzug bringt mich psychischer und spiritueller Bewußtheit näher."

„Ich akzeptiere und schätze die Weisheit und die Harmonie in mir und im Universum."

„Ich bin offen und sorge für andere. Ich kann die Dinge sagen, die sie hören sollten, und doch mir selbst und der größeren Wahrheit treu bleiben."

„Ich habe einen Körper. Ich bin mehr als mein Körper. Ich habe einen Geist. Ich bin mehr als mein Geist. Ich habe Gefühle. Ich bin mehr als meine Gefühle."

„Ich bin die Schöpferin meines Lebens.
Jeder Gedanke, jedes Gefühl, jeder Glaubenssatz,
zu dem ich stehe,
lenkt mich auf meinem Weg.
Ich bin die Schöpferin meines Lebens.
Meine innere Welt des Verhaltens und der Gefühle
formt die äußere Welt meiner Umgebung.
Ich bin die Schöpferin meines Lebens.
Meine Gedanken und meine Träume
sind das Material, aus dem mein Leben sich webt.
Ich bin die Schöpferin meines Lebens."

SYMBOLE

Eine andere Art schöpferischer Gedankennutzung stellen die Symbole dar. Ein Symbol ist ein Bild, das bestimmte Eigenschaften oder Objekte verkörpert. Einige davon mögen unbewußt sein. Symbole fördern die Konzentration. Stell dir vor, du bist nervös und benommen. Um dein Gleichgewicht wiederherzustellen, schaffe dir ein Bild, das dich wieder erdet. Stell dir also beispielsweise einen Baum vor, der fest verwurzelt in der Erde steht. Konzentriere dich auf diesen Baum. Wenn andere Gedanken in dir aufsteigen, laß sie einfach vorüberziehen und richte deine Aufmerksamkeit wieder auf den Baum. Durch die Konzentration auf den Baum wird dein Geist die jenseits des Baums liegende Erdung erfahren. Dein Körper wird langsamer, die Schwingung verändert sich. Stell dir andererseits vor, du bist müde und lethargisch und hast keine Energie mehr für irgend etwas. Stell dir dann einen Vogel vor, der hoch über der Erde in den Lüften schwebt. Während du dich auf den Vogel konzentrierst, wird dein Körper seine Schwingung verändern, diesmal hinaufsteigen und dir mehr Energie zur Verfügung stellen.

Du kannst Symbole für verschiedene Eigenschaften oder Situationen erfinden. Und denk daran: Symbole sind nicht absolut. Was einer Person etwas Bestimmtes vermittelt, kann bei anderen gänzlich andere Assoziationen hervorrufen. Deshalb ist es am besten, sich eigene Symbole zu machen.

ENERGIEPROJEKTION ODER KREATIVES VISUALISIEREN

Die dritte Technik nun ist Energieprojektion oder kreatives Visualisieren. Das ist die Fähigkeit, alle Gedanken und Bilder auf ein bestimmtes Ziel oder eine bestimmte Situation zu richten, die dann willentlich nach außen projiziert werden und so die gewünschte Wirkung hervorrufen. Energieprojektion wird in Trance ausgeführt. Wenn du dich versenkst und alle Ängste, Sorgen und Schmerzen losgelassen hast, kannst du mit einer größeren Energiekonzentration umgehen.

Das folgende ist ein Beispiel kreativer Visualisierung. Stell dir vor, du mußt aus deiner gegenwärtigen Wohnung ausziehen. Das kann oft eine schwierige und aufregende Zeit sein, nicht nur wegen des Mangels an guten Wohnungen, sondern auch wegen der starken Gefühle, die mit einem Umzug einhergehen. In Trance kannst du vorübergehend diese Ängste loslassen, so daß du positive Energie in die neue Situation projizieren kannst. Stell dir vor, wie du an dem neuen Ort lebst. Laß dich von der Phantasie dorthin führen. Stell dir das Ganze sehr lebendig in deiner Phantasie vor. Laß die Gefühle und Empfindungen zu, die du dort hättest. Nach fünf oder zehn Minuten intensiver Projektion kehrst du zu deinem Alltagsbewußtsein zurück. Diese Übung wird Energien aufbauen, so daß sie sich manifestieren können und du schließlich die neue Wohnung finden wirst.

Wir alle hegen negative Gedanken und Gefühle über uns selbst und halten an Verhaltensmustern fest, die längst nicht mehr brauchbar sind. Die kreative Visualisierung hilft dir bei der Veränderung negativer Denkweisen. Jedesmal wenn du sagst: „Nie finde ich den Platz, den ich brauche", oder: „Ich werde mir das nie leisten können", bereitest du dein Versagen bereits vor. Du programmierst dich negativ. Bei der Visualisierung beruhigst du diese Gedanken, läßt sie für eine Weile los und erfüllst dich mit positiven Gedanken. Während du dich auf diese positiven Bilder konzentrierst und sie nach außen projizierst, wird die Energie Gestalt annehmen und die äußere Situation verändern. Denk daran: Du unterdrückst deine Ängste nicht, sondern läßt sie los und ersetzt sie durch positive Gedanken.

Energieprojektion, das Benutzen von Affirmationen und der Gebrauch von Symbolen sind Techniken, die mit der Zeit erlernt und gepflegt werden müssen. Es gehört auch Disziplin dazu, sie zu entwickeln. In unserer Kultur gibt es viele Botschaften unmittelbarer Belohnung, also achte darauf, wenn du diese neuen Methoden erprobst. Deine alten Gewohnheiten flogen dir auch nicht über Nacht zu, und so dauert es auch mehr als eine Nacht, diese neuen Fertigkeiten zu erwerben.

Zu akzeptieren, daß du die Schöpferin deines Lebens bist, kann eine ehrfurchtsgebietende Verantwortung bedeuten – so sehr, daß du vielleicht zögerst, sie zu übernehmen. Hier nenne ich einige Stolpersteine:

1) Glaubst du der patriarchalen „Wahrheit", daß das, was wissenschaftlich nicht bewiesen werden kann, auch nicht existiert, kannst du dich so im Physischen verfangen, daß alles Nichtphysische ignoriert oder verleugnet wird. Das Leben in einer technologischen Gesellschaft erfordert ein konzentriertes Bewußtsein, um diesen Überfluß an materiellen Gütern zu produzieren. Leider wurde dieses Bewußtsein so stark ins Extreme entwickelt, daß die weichere Bewußtheit, die den Kontakt mit dem Unbewußten ermöglicht, unterdrückt wurde.

2) Wenn du glaubst, daß du dein eigenes Leben schaffst, und die Umstände deines Lebens dir nicht passen, fühlst du dich schuldig. Die Menschen fühlen sich immer schuldig, wenn sie das

Gefühl haben, abzuweichen oder das Ziel nicht erreicht zu haben. Schuld ist ein Teil der Kraft, die diese Erfahrung bewußt macht. Bei den Schuldgefühlen, die mit so vielen unserer Erfahrungen verbunden sind, handelt es sich um Kollektivschuld oder universelle Schuldgefühle und nicht um persönliche Schuld. Es besteht kein Grund, sich diese aufzuhalsen, geschweige denn danach zu handeln. Wir sollten lernen, Schuld nicht wörtlich zu nehmen. (Das allzu Wörtlichnehmen ist eines der Probleme unserer die Rationalität überbetonenden Gesellschaft.) Die Entdeckung der Kollektivschuld ist ein wichtiger Schritt bei der Erschaffung deiner Realität. Zunächst mußt du Gefühle akzeptieren, dann lernst du das Loslassen, schließlich wirst du positive Gefühle dafür einsetzen können.

3) Überwältigt dich Angst, kannst du die Verbindungen zwischen inneren und äußeren Wirklichkeiten nicht herstellen. Viele Ängste können auftauchen: die Angst loszulassen; die Angst, beurteilt zu werden; die Angst vor dem Unbekannten. Plötzlich zu erkennen, wie das, was wir bislang für gut oder schlecht ansahen, an Wert verliert, kann erschrecken. Ansichten, die unsere Wirklichkeit und uns schufen, loszulassen, kann Furcht einjagen. Es flößt Angst ein, wenn wir entdecken, daß wir und unser Tun beurteilt werden können: Es könnte nicht gut genug sein, andere verstehen es vielleicht nicht, sie halten es für blöd oder uns für langsam oder unreif. Noch erschreckender ist das Loslassen dieser Ängste und Vorstellungen, erschreckend, den Schritt ins Unbekannte zu wagen.

Wir müssen lernen, Verhaltensweisen, Glaubenssätze und Strukturen, die uns nichts mehr bringen, loszulassen. Ohne diesen Prozeß beständigen Loslassens werden wir starr und unfähig zu wachsen. Verhaftungen und Vergleiche gehören zur Dualität des Patriarchats. Das weibliche Prinzip ist Leben spendend und kann deshalb auch zerstören. Es ist das Symbol beständigen Wandels, des Zyklus von Geburt, Leben, Tod und Wiedergeburt. Angst loszulassen, Angst vor dem Ende, Angst vor dem Tod bilden die Wurzel des Frauenhasses. Im Loslassen dieser Ängste gewinnen wir Mut zum Experiment, trauen uns, ziellos zu reisen, können die Reise als Weg und Ziel in sich begreifen.

4) Wenn du glaubst, du seist nicht gut genug, das zu bekommen, was du dir wünschst, werden diese Vorstellungen die für einen kreativen Wandel notwendigen Energien blockieren. Manche sagen, wir sollten nicht zu viel Energie aufs Wünschen verschwenden, weil wir sonst frustriert würden, wenn das Gewünsch-

te nicht eintritt. Auf positive Veränderungen im Leben hinzuarbeiten schließt Risikobereitschaft ein. Je mehr Zeit und Energie wir für positive Veränderungen aufwenden, desto eher können sie geschehen. Selbst wenn sich nichts verändert, war die Zeit nicht verloren. Schließlich hast du gelernt, dich zu konzentrieren. Du hast dir bestätigt, daß du verdienst, das zu bekommen, was du dir wünschst, und hast auf dieses Ziel hingearbeitet. Vielleicht merkst du auch, daß du das Gewünschte im Grunde doch nicht wolltest. Dies zu sehen und auch andere positive Ergebnisse wahrzunehmen mindert die Enttäuschung.

Wir schaffen unsere eigene Wirklichkeit. Die Akzeptanz dieses Satzes ist ein großer Schritt vorwärts. Es bedeutet, daß wir Verantwortung für unser Leben übernehmen. In uns allen steckt das kleine Kind, das geliebt und umsorgt sein möchte, ohne etwas dafür geben zu müssen. Diese große Sehnsucht ist immer ein Teil von uns, auch wenn wir nicht immer entsprechend handeln oder sie vielleicht nicht einmal erkennen. Manchmal erscheint es leichter, in einen Glauben zu flüchten, der ein wunderbares Himmelreich oder ein gesegnetes Nirvana verspricht. Das gleiche gilt, wenn wir andere für unsere Mißerfolge verantwortlich machen oder uns auf verständnislose Eltern berufen oder nach anderen Gründen suchen wie Mangel an Geld, Unterlegenheit der Frau, schlechtes Karma oder oppositionelle astrologische Einflüsse. Die äußeren Einflüsse sind real — sie können uns verletzen oder beeinflussen —, aber sie sind nicht alles.

Die physische, materielle Welt schränkt uns nicht ein. Wir haben einen physischen Körper, doch sind wir weit mehr als das. Wir haben einen Geist, aber wir sind mehr als das. Wir haben Gefühle, die uns durchströmen, aber nicht wir sind. Wir tragen in uns die Macht zur Transzendenz, zur Veränderung unserer selbst. Wenn wir unser inneres Leben (Gedanken, Gefühle, Glaubenssätze) verstehen, werden wir unsere Mitte finden. Und indem wir aus diesem klaren inneren Raum heraus handeln, können wir unsere äußeren Bedingungen besser bestimmen (ihnen eine positive Richtung geben).

Falle nicht auf das selbstsüchtige Denken herein, das nur zwei extreme Verhaltensweisen zuläßt — entweder: „Ich bin hilflos und kann mich nicht gegen die äußeren Mächte schützen", oder: „Ich bin allmächtig und beherrsche die Kräfte der Natur vollkommen." Nur wenn wir die Verbindung zwischen äußerer und innerer Realität sehen — Ebbe und Flut der Energien spüren —, werden wir in Einklang mit uns selbst, anderen und dem Universum unseren Weg gehen können.

Das Erkennen der Glaubenssätze, die Akzeptanz der Gefühle, ihr Ausdruck und schließlich das Loslassen kosten Zeit, Geduld, Mühe und Selbstliebe. Wir müssen unsere Träume und Gedanken ernst nehmen, sie liebe- und respektvoll behandeln und nach außen projizieren. Je besser wir erkennen, was wir machen und warum wir es machen, desto bewußter werden unsere Handlungen, um so selbstbestimmter wird unser Leben. Wir alle tragen viel unnötiges Gepäck: Sorgen, Ängste, Schuldgefühle, Ärger, Trauer und Schmerz. Jedesmal wenn wir uns von dieser Bürde befreien, kommen wir unserer Mitte näher, erreichen diesen Raum klaren Verstehens und Akzeptierens, der tief in unserer Psyche liegt. Aus diesem inneren Raum gestalten wir unsere erwählte Wirklichkeit.

Wenn wir auf unsere innere Weisheit vertrauen, handeln wir auch danach. Jede von uns ist äußerst vielfältig. Unser physischer Körper ist nur ein Teil unserer selbst. Auf einer sehr tiefen Ebene wissen wir bereits alles, was es zu wissen gibt. Wir müssen diese Informationen enthüllen, denn jegliches Lernen ist im Grunde Erinnerung. Eine der Möglichkeiten, wie wir unsere innere Weisheit erreichen können, ist das Gespräch mit unserem Höheren Selbst, der Überseele. Das ist — wie du dich erinnern wirst — der Teil in uns, der schon immer existierte und auch auf der Astralebene weiterexistieren wird.

Manche Leute glauben, daß wir Informationen durch Geistführer/innen erlangen. Eine Geistführerin ist ein Wesen auf der Astralebene, das sich entschieden hat, den Menschen auf der physischen Ebene zu helfen, wenn sie eine Führung suchen. Du kannst dir die Führerin aber auch als Teil des Selbst vorstellen, der in einer anderen Dimension existiert (du in einem anderen Leben). Durch Trance oder Meditation oder Träume erreichst du dieses Selbst. Ob du dir diesen Teil in dir als Überseele, Geistführerin, Idealselbst oder was immer vorstellst, spielt keine Rolle. Wichtig ist, daß du lernst, dich dieser Quelle der Weisheit anzuschließen.

Eine Schwierigkeit sehe ich allerdings, wenn du dir die innere Stimme lediglich als Geistführerin vorstellst: Du verlagerst dabei das Erlangen des größeren Wissens außerhalb von dir. Ich denke, gerade für uns Frauen ist es wichtig, diese Offenbarungen als Teil unserer selbst zu begreifen und nicht als etwas außerhalb Gelegenes. Die Verantwortung für das eigene Leben zu übernehmen heißt, sich die eigene Macht anzueignen.

Als ich zum ersten Mal erkannte, daß ich spirituelle und psychische Informationen erhielt, stellte ich mir mein inneres Selbst als höheres oder ideales Selbst vor. Als diese Gegenwart immer stärker wurde, entdeckte ich zwei führende Einheiten außerhalb von mir. Ich verband mich mit dieser Führung in der Meditation und freute mich über ihren Rat und ihre Gegenwart. Doch erhielt ich das Wissen immer mit der eigenen Stimme und meist mit Worten, die mir geläufig waren. (Das heißt, daß die Informationen mit meinen persönlichen Glaubenssätzen und Erfahrungen übereinstimmten.) Mir bereitete es Unbehagen, daß meine Intuition Stimmen einer anderen Wesenheit sein sollten. Ich empfing weiter meine Intuition und fragte während der Meditation nach Antworten für mein persönliches Leben. Schließlich wuchs der Glaube an eine Überseele, insbesondere nach zwei tiefen Trancen (die im siebten Kapitel beschrieben sind), in denen ich nach bestimmten Informationen über den Prozeß der Reinkarnation fragte. Ich erkannte, daß sich meine Überseele sehr oft als strahlendes Licht gezeigt hatte. Bei meiner Suche nach Wissen frage ich meine Überseele (mein Höheres Selbst) und meine Geistführung.

Du möchtest vielleicht auch die Konversation mit deiner Überseele beginnen, indem du sie fragst, warum sie sich in dieser besonderen Form manifestiert. Immer wenn du Rat brauchst, kannst du mit deiner Überseele sprechen. Vielleicht willst du ihr einen besonderen Namen geben, einen, den du niemand anderem verrätst. Falls du Fragen hast, stelle sie möglichst klar und einfach. Und stelle nur eine Frage auf einmal. Dann entspanne, versenke und schütze dich. Wiederhole den Namen deiner Überseele und die Frage dreimal. Die Antwort kann gefühlt oder empfunden werden; es kann sein, daß du Bilder siehst oder eine Stimme hörst; sie kann später im Lauf des Tages als Intuition oder Geistesblitz auftauchen oder dir nachts als/im Traum erscheinen.

Eine andere Möglichkeit des Kontakts mit dieser inneren Weisheit ist die Benutzung von Archetypen. Archetypen sind vererbte, vorgeformte Bilder mit bestimmten Eigenschaften. In unserem Unbewußten bewahren wir viele verschiedene Archetypen oder Charaktere. Ein Archetypus beispielsweise ist *Die Weise Alte.*

Entspanne, versenke und schütze dich. Nun laß dich tief in das Reich der Intuition, der Bilder und Archetypen sinken. Tief in diesem See der Bilder findest du das Bild der Weisen Alten. Sie lebt sehr tief in dir. Du kannst sie entdecken und von ihrer großen Weisheit profitieren. Du beginnst den Prozeß des Entfaltens und Öffnens, du gehst zu der Weisen Alten und ihrer Weisheit. Uralte zeitlose Weisheit entfaltet sich in dir.

Nun befindest du dich am Fuß eines Bergs. Du ersteigst diesen Berg, findest deinen Weg auf diesem steinigen Bergpfad. Du steigst immer höher, der Aufstieg wird steiler, aber durch innere Stärke erscheint dir der Aufstieg fast mühelos. Die Luft wird dünner, sie ist rein und klar. Eifrig strebst du nach oben, die letzten Schritte rennst du fast und erreichst die Tür zur Hütte. In dieser Hütte lebt die Weise Alte. Sie begrüßt dich, und du verbringst eine sehr wichtige Zeit mit ihr, bis du meine Stimme wieder hörst. *Verweile ungefähr zehn Minuten.*

Danke nun der alten Frau für ihren Rat und ihre Unterstützung, verlasse die Hütte und steige den Berg hinab. Geh den Berg hinunter und kehre zu deinem Alltagsbewußtsein zurück. Kehre zurück, entspannt, erquickt und voller Energie. Öffne dann deine Augen und strecke dich.

■   ■   ■

Innere Weisheit kommt aus der Erkenntnis des Selbst. Die nächsten beiden Übungen steigern Selbst-Bewußtheit. „Hinter der Bühne" erlaubt dir den Blick auf zwei Anteile deiner Persönlichkeit, die nach deiner Ansicht womöglich im Konflikt liegen. Falls dem so ist, kannst du vielleicht mit den beiden Personen verhandeln — das heißt, du fragst eine jede, was sie braucht, und sagst dann, was du bereit bist zu geben. Die beiden Teile ins Bewußtsein zu rufen ermöglicht Integration. Du wirst mehr Energie zur Verfügung haben. Bei der Übung „Körper, Geist und Gefühle" begegnen dir drei Aspekte von dir. Du lernst sie auf einer tieferen Ebene besser kennen.

Entspanne, versenke und schütze dich. Wenn du vollkommen entspannt bist, reist du ganz schnell und leicht, fliegend oder schwebend, schwebend oder fliegend. Nun erreichst du ein altes Theater. Die Lichter leuchten nur schwach, niemand sonst ist da. Du bist allein in diesem schwach erleuchteten Theater und gehst den Gang entlang, an Reihen von verblichenen, abgesessenen Lederstühlen vorbei. Vorn nimmst du Platz, nicht weit vom Orchestergraben. Das Orchester ist zwar gegangen, aber die Musik klingt noch nach, ganz leise hörst du die verhallenden Töne.

Der Vorhang ist auf, die Bühne leer. Du kletterst auf die Bühne, gehst umher, schaust ins Publikum und kommst ins Träumen. Du gehst hinter die Bühne, öffnest die Tür zu deiner Linken. Vor großen Spiegeln sitzen zwei deiner Persönlichkeitstypen. Du bemerkst ihren Aufzug und fragst sie, warum sie sich so angezogen haben. *Verweile etwa drei Minuten.*

Du fragst sie nacheinander, was sie brauchen, was sie von dir wollen. Sie antworten dir, sagen dir, was sie wünschen und was sie zu geben bereit sind. *Verweile fünf bis zehn Minuten.*

Falls nötig verhandelt ihr und findet einen Kompromiß. *Verweile zwei Minuten.*

Dann gehst du wieder über die Bühne zurück und den Gang hinauf. Du verläßt das Theater, kehrst zu deinem Alltagsbewußtsein zurück. Öffne die Augen, strecke den Körper.

■ ■ ■

■ ■ ■ ■ ■ ■ *Körper, Geist und Gefühle* ■ ■ ■ ■ ■ ■ ■

Entspanne, versenke und schütze dich. Während du dich entspannst, schwebst du dahin, du erkennst, daß du zu einem Treffen gehst, einem sehr wichtigen Treffen, bei dem du mit drei Persönlichkeitsanteilen deiner selbst in Verbindung treten wirst. Du wirst mit ihnen reden. Das Treffen findet auf dem Gipfel eines Bergs statt. Ein Vogel wird dich zu diesem Gipfel tragen, ein wunderschönes Geschöpf, schöner als alles, was je sahst. Die schöne Vogelfrau ist da, ruft dich mit Namen und fliegt mit dir zum Gipfel. *Verweile eine Minute.*

Der Vogel landet auf der Bergspitze und läßt dich in der Stille dieses kühlen und luftigen Orts zurück. Hier siehst du deine Gefühle. Sie manifestieren sich vor dir. Nimm die Gestalt wahr, die sie annehmen, und sprich mit deinen Gefühlen, erkenne, daß die Gefühle zwar durch dich hindurchfließen, aber nicht du sind. *Halte etwa drei Minuten inne.*

So plötzlich sie auftauchten, so plötzlich verschwinden deine Gefühle auch. Nun manifestiert sich dein Geist vor dir. Achte darauf, welche Form er annimmt. Sprich mit deinem Geist, wisse, daß du einen Geist hast, aber mehr als Geist bist. *Verweile etwa drei Minuten.*

So plötzlich dein Geist vor dir auftauchte, so plötzlich verschwindet er auch wieder. Nun manifestiert sich dein physischer Körper vor dir. Achte auf die Gestalt, die er wählt; sprich mit deinem Körper, erkenne, daß du einen Körper hast, aber mehr als Körper bist. *Verweile drei Minuten.*

So plötzlich der Körper vor dir erschien, so plötzlich verläßt er dich wieder. Zu deiner Rechten siehst du den Vogel zum Abflug bereit. Er wird dich von der Bergspitze hinuntertragen. Du fliegst mit dem Vogel zurück in dein Alltagsbewußtsein. Du kehrst entspannt, erquickt und voller Energie zurück. Öffne die Augen, strecke dich.

■   ■   ■

Mächtiger zu werden, bedeutet auch, daß wir lernen, uns mehr zuzutrauen, uns mehr auf uns selbst zu verlassen, wenn es Probleme zu lösen gilt. Damit lernen wir Vertrauen in uns selbst und in unsere Fähigkeiten. Die nächste Übung ist eine Technik zur Lösung von Problemen. Damit du sie gut nutzt, wähle ein Problem, das du im Moment gern lösen möchtest. Geh in deinen Traumraum, schau dir das Problem an. Und zwar wirst du dreimal in verschiedener Weise hinschauen.

■ ■ ■ ■ ■ ■ ■ *Kreativ Probleme lösen* ■ ■ ■ ■ ■ ■

Entspanne, versenke und schütze dich. Atme langsam und tief, entspanne dich immer mehr. Du gehst eine lange Wendeltreppe hinab, immer weiter hinunter und rund herum. Du erreichst ein Flußufer. Ein schmales Boot ist am Steg angebunden. Du besteigst das Boot, bindest es los und segelst den Fluß hinunter. Es ist ein warmer Sommertag. Du freust dich an der warmen Sonne, spürst die leichte Brise auf deinem Körper, während du den Fluß hinabtreibst. Die Schaukelbewegung des Boots und die beruhigenden Geräusche des Wassers entführen dich in einen traumähnlichen Zustand.

Der Tag steigt auf, du treibst dahin, die Sonne steht hoch oben am Himmel, es wird immer wärmer. Du ankerst und nimmst ein Bad. Tief tauchst du in das kühle Wasser, tauchst auf den Grund und dort siehst du ein Bild. Es ist das Bild deines gegenwärtigen Problems. Schau dir dieses Bild an. Du siehst es klar und lebhaft vor dir. Frage das Bild, was es dir zeigt, in welcher besonderen Weise. *Verweile zwei Minuten.*

Dann nimmst du dieses Bild mit dir, während du zum Boot zurückschwimmst. Wenn du aus dem Wasser kommst, siehst du, wie das Bild sich verändert. Du setzt dich ins Boot und siehst dir das Bild wieder ganz genau an, fragst, warum es vor dir in dieser Form erscheint. *Verweile zwei Minuten.*

Dann spürst du, wie es dich aus dem Boot hebt, du schwebst in der Luft, trägst das Bild deines Problems mit dir. Du schwebst immer höher, bis du eine Wolke erreichst. Ruhe dich auf dieser Wolke aus und beobachte wiederum dein Bild und frage, warum es diese Gestalt angenommen hat. *Verweile zwei Minuten.*

Dann löst sich das Bild vollständig auf, und du kehrst zu deinem Alltagsbewußtsein zurück. Du bringst ein besseres Verständnis für dein Problem mit. Kehre entspannt, erquickt und voller Energie zurück.

■　■　■

KAPITEL SIEBEN

WIEDERGEBURT

Um dieses Kapitel zu schreiben, bat ich meine Freundin Cathy, Mitglied unseres Mondkreises (das ist eine sich monatlich zu Vollmond treffende Frauengruppe, in der wir unsere psychischen und spirituellen Bewußtseinsebenen erforschen), mich in Trance zu führen, so daß ich mich mit meinem Höheren Selbst verbände. Ich hatte Erinnerungen an andere Leben, sie kamen mir meist blitzartig, in der Meditation, in Träumen und Trancen. Diesmal aber wollte ich die Hilfe meines Höheren Allwissenden Selbst, um herauszufinden, wie und warum wir erschaffen wurden.

Obgleich die Informationen, die ich erhielt, nicht neu waren, waren doch die Gefühle in diesem anderen Zustand außergewöhnlich schön. Sobald ich mich versenkt hatte, hörte ich eine Stimme sagen: ,,Freu dich; du hast unbegrenzte Möglichkeiten." Dann bestand ich nur noch aus Gefühlen und Empfindungen. Ich möchte sie in Worte fassen. Ich hatte das Bewußtsein eines hellen Silberlichts, das auf mich herabströmte. Es fiel mir schwer, Worte für diese Erfahrungen zu finden. Ein Gefühl vollkommener Liebe umgab mich, totales Sorgen, vollkommene Einheit. Die mit Geburt und Tod verbundenen Gefühle waren besonders intensiv. Während der Geburt spürte ich, wie sich mein Körper zusammenzog, während er sich beim Tod ausdehnte.

Cathy half mir weiter bei der Versenkung und stellte mir dann einige Fragen. Die Niederschrift gebe ich im folgenden wieder:

Frage: Erzähl mit etwas über Wiedergeburt.

Antwort: Wiedergeburt ist der Pfad, den die Seele wählt, um das Wissen, daß wir alle eins sind, wiederzuerlangen. Es gibt weder Innen noch Außen. Alles ist verbunden, aber wir haben die Verbindung vergessen.

Es ist so schön. Soviel Licht. Das sind wir: Lichtschwingungen. Der Akt der Schöpfung befreit uns. Das ist Schöpfung — Freiheit. Wir alle wurden gleichzeitig durch eine universale Schöpferkraft geschaffen. Sobald wir geschaffen waren, wurden auch wir Schöpfer.

Die Wesenheit — oder Seele — ist eine Energieschwingung,

und diese Schwingung ist göttlich. Es ist wie eine riesige Konstellation. Jeder Stern löst sich, sobald er erschaffen ist. Die Sterne sind frei — ganz in sich —, doch werden sie zusammengefügt, bilden sie wieder ein größeres Ganzes. Wir alle sind ganz und Teil der ersten Schöpfung. Wir werden hinausgesandt, um unsere Lernmöglichkeiten zu schaffen. Wir sollen forschen. Die Schöpfung ist voller Freude und Erregung. Wir erschaffen so viele Formen, die wir zu unserer Entwicklung brauchen. Die Entwicklung geht in alle Richtungen, alle Ebenen. Überall ist Lichtenergie, die verschieden schwingt, auf verschiedenen Frequenzen. Es scheint uns, als ob nur ein Ding zu einer Zeit geschieht, doch ist dies nur die Begrenzung unseres physischen Körpers. Wir haben physische Augen und sehen, was vor uns liegt; das bedeutet aber nicht, daß das, was hinter uns liegt, nicht existiert. Es heißt nur, daß wir es erst sehen, wenn wir uns herumdrehen. Wir können diese Begrenzung transzendieren — durch unseren Geist, denn der Geist sieht alles. Wir wissen bloß nicht, daß der Geist alles sieht. Nichtwissen schafft Dunkelheit. Unsere Ängste begrenzen uns: sie behindern die Sicht. Je mehr wir das Ausmaß unserer Fähigkeiten erkennen, um so mehr werden wir sehen.

Frage: Wie entstand die Welt?

Antwort: Ich sehe eine Menge wirbelnder Energie — eine Menge Licht. All dieses Licht strahlt als Einheit. Es ist ein ganzes Wesen, gleichzeitig ist es Teil des größeren Ganzen.

Wenn du etwas Neues entwickeln und ausprobieren möchtest, gibt es verschiedene Möglichkeiten. Bevor du einen Körper betrittst, ist das Licht formlos. Die Form engt uns ein, doch gibt uns die Form gleichzeitig die Richtung. Wenn wir uns für einen physischen Körper entscheiden, setzt uns der Körper gewisse Begrenzungen. Der Körper kann zum Hindernis werden, wenn du ihn nur als physischen Körper erlebst. Sobald du erkennst, daß der Geist erschafft, wirst du durch den physischen Körper nicht mehr behindert. Öffnest du den Geist, weiß der Geist, erinnert sich der Geist an alles.

Du hast die physische Existenz gewählt, um den Geist zu erweitern, nicht um darin gefangen zu sein. Stell dir vor, du hast drei Fahrzeuge: ein Boot, ein Flugzeug und ein Auto. Willst du das Wasser erforschen, wirst du das Boot nehmen, aber du kannst mit dem Boot natürlich nicht fliegen. Also kannst du das Wasser erkunden, und wenn du damit fertig bist, läßt du das Boot zurück und wählst etwas anderes. Du kannst das Flugzeug nehmen, um die Lüfte zu erforschen, den Himmel, oder du nimmst das Auto, um die Erde zu erkunden. Jedes dieser Fahrzeuge dient einem bestimmten Zweck.

Genauso hat eine jede/ein jeder von uns eine besondere Gestalt angenommen, eine bestimmte Situation des Lernens gewählt, und wenn unser Wachstum, unsere Entwicklung, beendet ist, wählen wir etwas anderes. Je mehr wir das zulassen können, um so mehr können wir integrieren.

Das alleswissende Selbst, die Überseele, ist immer gegenwärtig, doch wenn wir uns zu sehr mit dem gewählten Fahrzeug identifizieren, vergessen wir die innere, leitende Stimme. Das Wissen um die Ganzheit ist allen zugänglich. Wir müssen nur hinschauen, es wahrnehmen, uns dessen bewußt werden.

Der Prozeß der Wiedergeburt ist die Reise, die wir unternehmen, um herauszufinden, was wir ursprünglich waren.

Frage: Worin liegt der Sinn der Reise, wenn wir doch zum Ursprung zurückkehren?

Antwort: Es geht um die Erforschung, die Erkundung, um die Freude des Schaffens, die Freude an Entdeckungen und Veränderungen. Die Kraft der Liebe und des Lichts ist voller Freude. Es macht Spaß, zu erschaffen und zu erforschen. Manchmal hängen wir mehr an der Schöpfung als an dem erschaffenden Teil in uns. Unsere Energien werden dann blockiert, an die Schöpfung gebunden — bis wir wieder zur kreativen Quelle in uns zurückfinden.

Frage: Was passiert, wenn die Wesenheit ihren physischen Körper verläßt?

Antwort: Erlösung, Erleichterung, Freiheit. Sobald der physische Körper verlassen wird, werden auch seine Begrenzungen abgelegt, und alles wird klarer. Manchmal ist es ein Schock, zu erkennen, daß man sich nicht mehr im physischen Körper befindet. Die Verhaftung kann andauern. Nicht alles wird auf einmal klar. Du hast die Wahl. Du kannst dich an die Schöpfung klammern, das Produkt, aber das wird dich blockieren. Je mehr du den individuellen Produkten der Schöpfung verhaftet bist, desto schwerer fällt das Loslassen, um so schwieriger wird die Bewußtheit des größeren Ganzen der Schöpfung.

Ich empfinde hier ein so heiteres Gefühl, voller Friede, es ist schwer zu beschreiben. Es herrscht soviel Liebe.

Es macht angst, geboren zu werden. Sterben ist Loslassen, Befreiung, Ablegen. Der Tod kann manchmal ein Kampf sein, wenn du vergessen hast, daß du Schöpferkraft bist, und dich statt dessen an die Schöpfung klammerst. Sterben ist wie Ausatmen. Du atmest aus, und der Körper fällt ab. Du gehst einfach hinaus und weg. Es ist so befreiend, so leicht und so warm. Die Geburt ist viel schwerer. Du wirst in diese kleine Form gepreßt. Du spürst, daß der Kampf ums Herauskommen beginnt. Es macht soviel angst, daß du lieber in dem kleinen Raum, der Gebärmutter bleiben möchtest — doch gleichzeitig willst du natürlich hinaus.

In diesem veränderten Zustand war das intensivste Gefühlserlebnis die Liebe. Ich war von dem Bewußtsein erfüllt, daß Liebe die alles durchdringende Lebenskraft ist. Es ist die Lebenskraft, die uns alle vereint und den Grund unseres Seins darstellt. Liebe ist expansiv. Zu lieben heißt zu wachsen. Es ist Abwesenheit von Furcht. Angst ist Ursache von Leid, Begrenzung, negativen Gefühlen. Ohne Angst können wir wirklich geben lernen, wie auch die Liebe empfangen, für die wir leben.

Ich erfuhr auch die Freude der Schöpfung, die Erkenntnis, daß wir als Schöpfende unbegrenzte Möglichkeiten in uns tragen. Wir können in alle möglichen Richtungen wachsen und auf so vielen Ebenen, wie wir wollen. Jedes Leben passiert jetzt, auf verschiedenen Ebenen in verschiedenen Schwingungen. Jede dieser parallel existierenden Seelen kann daher die andere beeinflussen. Wir haben eine telepathische Verbindung mit unseren anderen Selbst und können sie durch Träume, Visionen und Meditationen erreichen. Das physische Selbst ist lediglich ein Teil der vielen Schöpfungen der Überseele, dieser vollkommenen Wesenheit, die auf einer nicht-physischen Ebene existiert.

Ich kann die Überseele nur als formlosen Lichtkörper beschreiben. Wahrscheinlich mangelt es uns an Worten, um die Vollkommenheit des Lebens zu beschreiben. Wir nahmen unseren Anfang als Lichtwesen, und wir werden dahin oder vielmehr als diese zurückkehren, nachdem wir unser Potential voll ausgeschöpft und entwickelt haben, auf der materiellen wie auf der nichtmateriellen Ebene. Wir alle entwickeln uns zur Transzendenz, verwandeln uns zurück in die Lichtkörper, die wir waren und ursprünglich sind.

Wenn wir uns mit Wiedergeburt und Reinkarnation befassen, sollten wir stets daran denken, daß wir einem zeitlosen Universum entstammen. Unsere Energie entspringt der Quelle, dem Herzstück oder der Psyche, und diese Energie nimmt verschiedene Formen auf verschiedenen Ebenen der Realität an. So existiert die Zeit, die wir kennen, eigentlich gar nicht. Alles geschieht jetzt und verändert sich beständig, in einer ewigen Kreisbewegung. Unser gegenwärtiger Blick scheint auf das, was wir dreidimensionale Zeit nennen, eingestellt zu sein: Vergangenheit, Gegenwart und Zukunft. Tauchen wir hinein und ziehen einen Teil dieses Selbst heraus, nehmen wir einen festgelegten Augenblick wahr, einen kleinen Abschnitt aus dem größeren Kreis. Um unser Gleichgewicht zu wahren, unser Eigenleben und unsere physischen Erinnerungen, sehen wir diesen Moment entweder als Vergangenheit, Gegenwart oder Zukunft.

Zeit ordnet unsere Erfahrungen. Die Vergangenheit beeinflußt die Gegenwart nicht, sondern jegliches Leben geschieht jetzt und beeinflußt sich ständig gegenseitig. Wir gehen also nicht in der Zeit zurück: Wir wechseln hinüber, wir verändern die Schwingung. Unser Geist schafft geistige Bilder, die Zeit ist die Beziehung zwischen den Bildern. Beruhigen wir den Geist wie in der tiefen Meditation, hört der Fluß der Bilder auf. Daher hört gleichermaßen auch die Zeit auf. Wir existieren im beständigen oder ewigen Fluß.

Zahlreiche Reinkarnationslehren betrachten Leben linear: Du hast dies oder das getan, und weil du in vergangenen Leben so oder so gehandelt hast, passiert dir jetzt dieses oder jenes. Karma ist eine komplexe Dynamik, die Vergangenheit, Gegenwart und Zukunft formt. Wir sollten es daher nicht auf ein vereinfachendes Konzept von Belohnung und Bestrafung reduzieren. Damit würden wir die tiefste Dynamik menschlichen Schicksals dogmatisieren. Karma ist das Gesetz der Handlung, des Wandels. Wir können schaffen, und wir erschaffen uns selbst in jedem Augenblick. Unsere Kraft liegt in der Gegenwart. Wir können Erinnerungen aus anderen Ebenen nachhängen, und diese Erinnerung wird uns so beeinflussen, wie wir das zulassen. Ein schwieriges vergangenes Leben beeinflußt uns nicht mehr als eine schwierige Kindheit, auch wenn es aufgrund der damit verbundenen intensiven Gefühle oft anders ausschauen mag. Schicksal ist das Ergebnis unserer Gedanken, Gefühle und Glaubenssätze — verändern wir diese, wird sich unser Schicksal verändern.

In andere Leben hineinzugehen, kann dann hilfreich sein, wenn du die Erfahrungen verdauen kannst. Die Information könnte dir eine andere Perspektive geben. Sie könnte dir helfen, verborgene Talente zu entdecken, irrationale Ängste zu verstehen, und dir ein Gefühl für die Beziehung und Verbindung zum Universum geben.

Wegen der starken Reizüberflutung sind wir uns der verschiedenen Ebenen der Existenz nicht bewußt. Wir erinnern soviel, wie wir in unser jetziges Leben integrieren können. Bei einigen Ereignissen meines Lebens war die Erinnerung an andere Leben sehr wertvoll. Zum Beispiel habe ich, seit ich mich erinnern kann, eine unerklärliche Angst vor Hunden, die sich manchmal irrational ausnahm. Wenn ich irgendwo hinging, wo ich noch nicht war, hatte ich manchmal große Angst, von einem Hund gebissen zu werden. Meine Angst nahm ab, als ich im letzten Jahr erfuhr, daß ich in einem früheren Leben von einem Rudel wilder Hunde getötet worden war, als ich mich zu weit vom Dorf entfernt hatte. Jetzt glaube ich nicht mehr, daß mich ein Hund beißen wird, wenn ich an einen neuen Ort gehe. Das Wissen um dieses Erlebnis wie auch Schutzkreise und Affirmationen haben mir die Angst vor Hunden fast genommen.

Die Entdeckung, daß mein älterer Sohn einst mein älterer Bruder und Oberhaupt der Familie war (unser Vater war verstorben), erleichterte mir die Kommunikation im jetzigen Leben und klärte einiges. Da ich nun die Ursache der Rollenverwechslung kenne, kann ich in diesem Leben klare, feste Grenzen ziehen, die die Spannung mindern. Dieses Leben hatte sich in Spanien zugetragen − ein Land, zu dem ich mich seit früher Kindheit hingezogen fühle.

Es gab eine Zeit in meinem Leben, in der ich mich psychisch und spirituell ungeheuer schnell entwickelte. Das machte mir angst, weil ich glaubte, daß ich mit diesem neuen Bewußtsein all das aufgeben müßte, was mir bislang wichtig war: meine Liebe, meine Familie, mein Heim. Große Erleichterung brachte mir dann die Erkenntnis, daß ich in einem anderen Leben Freunde, Familie und Besitz hinter mir gelassen hatte, um meine spirituelle Entwicklung in einem Kloster in Nepal weiterzubetreiben. Auch wenn ich mich in diesem Leben wiederum sehr mit meiner spirituellen Entwicklung befasse, wird doch die Form nicht dieselbe sein. Ich kann also aus den Lektionen lernen, die mir in anderen Leben bereits erteilt wurden. Besonders gut geht dies mit der Meditation. Ich begann mit der Meditation und auch mit dem Unterricht in Meditation, ohne daß ich irgendwelche Vorkenntnisse in diesem Leben gesammelt hatte.

Wie kannst du die Erinnerung an frühere Leben wecken? Eine Methode besteht darin, um Träume zu bitten, die Informationen über Reinkarnationen liefern. Das geschieht, indem du dir sagst, daß du einen Traum über andere Leben träumen willst.

Wiederhole diesen Wunsch, diese Bitte mehrmals vor dem Schlafengehen. Es kann einige Nächte dauern, bis sich solche Träume einstellen werden.

Solche Anregungen kannst du dir auch während der Meditation selbst eingeben. Sage dir, daß du Einsichten in frühere Leben gewinnen wirst. Manchmal liegen die Informationen gewissermaßen schon bereit, und du mußt dir nur den Ruck geben, dich für solches Wissen zu öffnen.

Vielleicht zieht dich eine bestimmte Zeit, ein bestimmtes Land besonders an. Vielleicht hast du einen spontanen oder intensiven Kontakt mit einer anderen Person und weißt sofort, daß dies eine karmische Beziehung sein muß. Entspanne und versenke dich. Konzentriere dich auf dieses Land, das Zeitalter, die Person und sage dir, daß die Erinnerung aufsteigen wird, wenn es Verbindungen zu anderen Leben sind.

Arbeitest du mit einem Gegenüber, setzt euch so, daß ihr euch anschaut, und stellt eine Kerze zwischen euch. Wenn ihr euch versenkt habt, fragt einander: „Wer bin ich? Wer war ich? Wer werde ich sein?" Beobachte das Gesicht deines Gegenübers, schau, wie es sich verändert, teilt euch das Gesehene mit.

Ich habe hier einige Übungen einbezogen, die das Bewußtsein für andere Leben wecken. Die erste Übung heißt: „Wiederbelebung vergangener Erfahrungen." Diese Erinnerungsübung führt dich zu vergangenen schönen Momenten aus deinem jetzigen Leben. Manche Menschen wechseln während dieser Übung spontan in andere Leben.

Wir alle kennen Zeiten, in denen wir uns niedergeschlagen fühlen. In solchen Zeiten ist es sehr leicht, sich anderer Verletzungen, Ärgernisse oder Traumata zu erinnern, und so bauen wir ständig weiter unsere negativen Gedanken auf. Moderne psychologische Theorien legen großen Wert auf solch schmerzhafte Erfahrungen. Es ist wichtig, solche Gefühle zu akzeptieren, um sie wirklich loslassen zu können. Genauso wichtig ist es jedoch, auch die vergangenen Gefühle von Ekstase, Zufriedenheit und Sinnlichkeit wiederzuentdecken. Weil Gedanken Energieformen sind, die ähnliche Energieformen anziehen, wird die Wiederbelebung glücklicher Erfahrungen deine Möglichkeiten positiver Energie erweitern und deinem Leben eine bejahende Richtung verleihen. Bei der Wiederbelebung der Erinnerungen wählst du Erinnerungen, auf die du reagieren möchtest, so daß du bewußter wirst und nicht länger der Gnade deiner Gefühle oder Umgebung ausgeliefert bist. Diese Übung erweitert auch deinen Geist, indem sie dein Erinnerungsvermögen stärkt.

Du kannst dich schon vorher entscheiden, welche Erinnerungen, Erfahrungen du wiederbeleben möchtest, oder du entspannst und versenkst dich und erlaubst deinem Geist zurückzuwandern und läßt die Erinnerungen spontan aufsteigen. Wenn du die zweite Methode benutzt, mußt du dir versichern, daß nur positive Erinnerungen hochkommen. Es kann eine Weile dauern, bis du lernst, nur schöne Erfahrungen wieder ins Gedächtnis zurückzurufen. Taucht eine negative Erinnerung auf, die du nicht wiederbeleben möchtest, kannst du ihr sagen, daß sie gehen soll, oder die Augen öffnen.

■ ■ ■ ■ *Wiederbelebung vergangener Erfahrungen* ■ ■ ■ ■

Entspanne, versenke und schütze dich. Du weißt, wie es möglich ist, in die Vergangenheit zurückzugehen und dich ganz lebhaft solcher Ereignisse zu erinnern, an die du dich erinnern möchtest. Du gehst also nun zurück und immer tiefer und weiter zurück, um die Erinnerungen zu holen, die du holen möchtest.

Spüre, wie du nun zurückwanderst. Sanft tragen dich meine Worte; laß dich von meinen Worten tragen; immer tiefer und immer weiter zurück. Ganz sicher tragen dich meine Worte zurück in deine Vergangenheit, zu Erlebnissen, an die du dich erinnern möchtest und an die du dich auch erinnern wirst. Du wirbelst herum, hinunter und herum. Schwach hörst du noch meine Worte, die dich tief in die Vergangenheit rufen.

Du gehst zurück in eine Zeit, als du dich sehr gut fühltest. Es war eine so angenehme Zeit, daß du dich gern erinnerst. Du erinnerst dich jetzt. Du erfährst diese Zeit und den Ort wieder. *Verweile etwa zwei Minuten.*

Immer noch leitet dich meine Stimme ganz sicher, führt dich zurück und hinunter. Tief in dein Leben hinein, du hältst inne, wenn du den Punkt erreichst, wo ein Ereignis auftaucht, dessen du dich gern erinnern möchtest. Du hältst inne und belebst dieses Ereignis wieder. Es taucht ganz lebendig und stark auf. Doch kannst du es noch immer von der gegenwärtigen Realität unterscheiden. *Verweile zwei Minuten.*

Du gehst noch weiter zurück. Du spürst jetzt, wie dein Körper immer kleiner wird. Im Körper des Kindes erinnerst du dich an ein Ereignis deiner Kindheit, an ein sehr schönes Ereignis. Du erlebst es jetzt voll wieder. *Verweile zwei Minuten.*

Du bist jung, wirst aber noch jünger, du gehst weiter zurück in die Vergangenheit und erinnerst dich ganz klar an schöne, glückliche Ereignisse. *Verweile zwei Minuten.*

Und nun gehst du noch weiter zurück und erinnerst dich an das früheste glückliche Ereignis, an das du dich erinnern kannst. Es ist eine Erinnerung aus der Zeit, als du noch ganz klein warst, vielleicht ein Säugling.

(An dieser Stelle könntest du auch in ein anderes Leben wechseln, indem du vorschlägst, noch weiter zurückzugehen, immer weiter zurück in eine andere Zeit, ein anderes Leben. Du kannst aber auch in dein Alltagsbewußtsein zurückkehren.)

Du hörst jetzt wieder meine Stimme, die dich zurückruft, hinauf und zurück bis in das Alter, mit dem wir die Übung begannen. Du bringst all diese schönen, glücklichen Erinnerungen mit. Und du weißt, daß du bei jedem Zurückgehen dein Gedächtnis verbesserst und dein Bewußtsein erweiterst.

Und nun kehrst du ganz leicht zurück. Du kehrst vollkommen wach und voller Energie zurück. Öffne die Augen und strecke dich.

■   ■   ■

Die nächsten fünf Übungen ermöglichen dir die Erfahrung anderer Leben in anderen Dimensionen. Die ersten beiden sind noch sehr allgemein gehalten. Sie sind gut für den Anfang. Die Bilder sind so gewählt, daß du auch ohne Führung auskommst. Bei der dritten Übung gibt es speziellere Fragen, hier ist es sehr hilfreich, eine Führung zu haben. Sie eignet sich auch als Gruppenübung. In Einzelsitzungen kann allerdings das Leben genauer erfahren werden, weil einerseits die Leiterin gezielte Fragen stellen und die Geführte ja direkt antworten kann; andererseits weil die Teilnehmenden einer Gruppe ihre Erfahrungen erst nachher austauschen können.

Wenn du dir eine Führerin suchst, achte darauf, daß es eine Person ist, der du voll vertraust. Diese Person sollte sich mit Trancezuständen auskennen. Sie sollte wissen, wie sie Menschen beim Entspannen, Versenken und Schützen hilft. Sie sollte die Trance vertiefen wie auch verringern können. Und sie sollte aus schwierigen Situationen herausführen können. Sie sollte das richtige Gespür für die richtigen Fragen haben, Fragen, die dir beim Verstehen deiner selbst helfen. Arbeitest du allein, kannst du karmische Verbindungen mit einer bestimmten Person erforschen (Familienmitglieder, Freunde, Geliebte). Vielleicht findest du Gründe und Lösungen für irrationale Ängste, vielleicht entdeckst du verborgene Talente oder verstehst Personen, ihre Lebensziele und Glaubenssätze besser.

Mit der vierten Übung erforschst du — nach linearer Zeit — künftige Welten. Die fünfte Übung enthüllt drei mögliche Selbst. Da alle Leben gleichzeitig auf verschiedenen Schwingungsebenen stattfinden, ist es möglich, verschiedene Leben in der gleichen Zeitspanne zu leben. Mit anderen Worten: Es könnten jetzt drei Leute leben, die alle Teil deiner Kernenergie sind. Mit der fünften Übung „Im Spiegel" kannst du diese drei möglichen Selbst erkunden. Dieses Bild enthüllt dir verschiedene Facetten deiner Persönlichkeit oder die vielen Dimensionen deines Wesens (anderer lebender Personen, die Teil deiner Gesamt- oder Kernenergie sind).

■ ■ ■ ■ ■ ■   *Ein anderer Lebensraum*   ■ ■ ■ ■ ■ ■

Entspanne, versenke und schütze dich. Ich möchte dich wissen lassen, daß es möglich ist, in andere Dimensionen zu gehen, zu anderen Leben zu wechseln. In wenigen Augenblicken wirst du es tun, du wirst in ein anderes Leben gehen und einen Teil dieses Lebens erfahren. Es ist etwas, das du erfahren möchtest, etwas, das für dich wichtig sein wird.

Nun atme tief, sehr tief, und während du dich mit Luft füllst, wirst du immer leichter und leichter, so daß du fast abhebst. Während du weiteratmest, wirst du beim Einatmen noch leichter und schwebst in der Luft, steigst immer höher, zur Decke auf, und wenn du die Decke erreichst, atmest du aus und schwebst zurück.

Du atmest wieder tief, ganz tief, füllst dich mit Luft. Du wirst immer leichter, so leicht, daß du wieder abhebst und zur Decke schwebst. Wenn du jetzt die Decke erreichst, wirst du ausatmen und in einen anderen Lebensraum wechseln. Du bist nun an der Decke angelangt, und während du ausatmest, wirst du in einen anderen Lebensraum schweben. Du begibst dich in dieses Leben und sammelst dort Erfahrungen, bis meine Stimme dich wieder ruft. *Verweile etwa fünf Minuten.*

Du hörst, wie meine Stimme dich zurückruft, sie ruft dich zurück in dieses gegenwärtige Leben, zurück in diesen Raum. Mit dir bringst du die Erinnerungen an diesen anderen Lebensraum. Du kehrst ganz leicht zurück, sehr wach und voller Energie.

■ ■ ■

■ ■ ■ ■ ■ ■ ■ *Andere Lebensräume* ■ ■ ■ ■ ■ ■

Entspanne, versenke und schütze dich. Du befindest dich jetzt in den Dimensionen, wo du deinen Körper in beliebiger Weise erfahren kannst. Du entdeckst, daß dein Körper sich verändert, er verwandelt sich in eine Katze. Im Körper dieser geschmeidigen Katze kletterst du auf einen Baum. Du kletterst immer höher, erkundest die weiten Zweige des Baums. Jetzt springst du vom Baum und findest zu deinem Erstaunen, daß du nicht fällst, sondern immer höher fliegst, weit in den Raum hinaus.

Du bist ganz weit weg im Raum, jenseits aller Zeitgrenzen, so daß die Vergangenheit Gegenwart wird und die Gegenwart zur Zukunft und die Zukunft in die Gegenwart reicht, in die Vergangenheit, die wiederum Gegenwart ist. Du schwebst herunter und begibst dich in einen anderen Lebensraum. Geh in diesen anderen Lebensraum und mach dort deine Erfahrungen. *Halte zwei Minuten inne.*

Jetzt bewegst du dich aus diesem anderen Lebensraum heraus, gehst wieder in den Raum, schwebst aus diesem Leben heraus, indem du dich einfach in dem Raum gleiten läßt. Nun kommst du wieder an und begibst dich in einen anderen Lebensraum. Geh also in diesen Lebensraum, sammle deine Erfahrungen. *Halte etwa zwei Minuten inne.*

Du entschwebst diesem Lebensraum wieder. Schwebst wieder in den Raum. Weg von diesem Leben, läßt dich einfach in den Raum treiben. Und du schwebst und bewegst dich wieder in einen anderen Lebensraum. Geh in dieses Leben, erfahre es jetzt. *Verweile zwei Minuten.*

Nun begibst du dich wieder aus diesem Leben, schwebst wieder in den offenen Raum, läßt dich wieder nieder, begibst dich in einen anderen Lebensraum. Geh hinein, mach deine Erfahrungen in diesem anderen Leben. Erfahre es jetzt. *Verweile zwei Minuten.*

Jetzt bewegst du dich wieder aus diesem Leben heraus, entschwebst in den offenen Raum, schwebst frei herum, bis du dich entschieden hast, eines dieser Leben genauer zu erkunden, und dann wirst du dich da hineinbegeben. Wähle dieses Leben jetzt, geh hinein und erfahre es noch genauer. *Verweile etwa fünf Minuten.*

Du hörst jetzt meine Stimme, die dich zurückruft in den gegenwärtigen Alltag, in dieses Zimmer. Kehre in der eigenen Geschwindigkeit zurück. Du kehrst zurück und fühlst dich wach und voller Energie. Öffne die Augen und strecke dich.

■ ■ ■

■ ■ ■ ■ ■ ■ ■ *Vergangenes Leben* ■ ■ ■ ■ ■ ■ ■

Entspanne, versenke und schütze dich. Strecke dich über die Fußsohlen hinaus. Strecke dich um etwa einen Meter, kehre dann wieder zu deiner üblichen Größe zurück, entspanne dich. Nun streckst du dich über den Kopf hinaus, wieder um etwa einen Meter. Kehre jetzt wieder zu deiner Normalgröße zurück und entspanne dich. Dann strecke dich nach deiner rechten Seite. Wieder ungefähr einen Meter weit. Nun kehrst du zu deiner Normalgröße zurück. Jetzt streckst du dich nach links, auch wieder ungefähr einen Meter, dann kehrst du zu deiner Normalgröße zurück und entspannst dich. Jetzt streckst du dich ganz nach allen Seiten, durch Füße und Kopf. Strecke und dehne dich, bis du den ganzen Raum erfüllst. Du bist sehr leicht und frei. Freu dich daran und kehre zu deiner üblichen Größe zurück.

Jetzt möchte ich, daß du folgendes erkennst: Wir alle schleppen Verhaltensweisen, Glaubenssätze und Gefühle mit uns, die aus anderen Leben stammen. Manchmal können diese die Entwicklung im derzeitigen Leben behindern. Erinnern wir uns ihrer, können wir sie loslassen. Tatsächlich kann manchmal allein die Erinnerung schon die Lösung sein. Gleichzeitig möchte ich dir sagen, daß wir alle auch verborgene Talente und unverwirklichtes Potential in uns tragen. Auch das kann aus anderen Leben stammen. Das Gute verliert sich niemals. Erinnern wir uns des Guten, werden wir vollständiger, reicher und bewußter.

In wenigen Augenblicken werde ich dich auffordern, in einen anderen Lebensraum zu gehen, jetzt bitte ich dich nur, zum höchsten Punkt dieses Gebäudes zu gehen. Geh zum Dach des Hauses und blicke auf die Straße hinunter. Nimm alles wahr, was du siehst, erinnere dich dessen. Nun schwebst du höher, du schwebst hoch über der Erde, du fliegst immer höher und freust dich an der Freiheit und der Leichtigkeit. *Verweile eine Minute.*

Ich bitte dich jetzt, zur Erde zurückzukehren, du kehrst zurück und betrittst einen anderen Lebensraum. Kehre zur Erde zurück, in einem anderen Leben. Ich zähle von zehn bis eins, und wenn ich bei eins anlange, berührst du die Erde und trittst in ein anderes Leben. *Zähle.* Du stehst nun wieder auf der Erde. Schau, was du zu deinen Füßen siehst. Trägst du etwas an den Füßen? Schau deine Beine an, deinen ganzen Körper, was trägst du? Wie bist du gekleidet? Bist du eine Frau oder ein Mann? Nimm alles ganz deutlich wahr. Sieh dich um und finde heraus, wo du dich befindest. Bist du draußen oder drinnen? Allein oder mit anderen? Sei ganz bewußt. Werde dir klar, wer du bist, wo du bist. Schau, was du da machst. *Verweile drei Minuten.*

Während du in diesem Körper und in diesem Leben bist, bitte ich dich in die Zeit zu gehen, als du fünf Jahre alt warst. Geh in diese Zeit und erfahre sie oder sieh sie klar vor dir. Geh dahin, wo du lebst. Sieh es klar und beschreibe alles genau. *Verweile zwei Minuten.* Sieh die Menschen, mit denen du lebst. Sieh sie klar und lebendig. Du erinnerst dich deiner Gefühle und Gedanken über sie. *Verweile zwei Minuten.* Sieh deine Eltern, du siehst sie sehr lebendig und fühlst ihre Schwingungen. Du spürst sie ganz stark und erkennst, ob du sie in deinem gegenwärtigen Leben kennst. *Verweile eine Minute.*

Und jetzt begibst du dich zu einem bedeutenden Ereignis in jenem Leben. Geh hinein und erinnere dich. *Halte zwei Minuten inne.*

Such dir nun ein anderes Ereignis, geh in eine wichtige Erfahrung hinein. *Verweile zwei Minuten.*

Und wieder begibst du dich in eine andere wichtige Erfahrung. *Verweile zwei Minuten.*

In der Gewißheit, daß du beschützt und behütet bist, sehr sicher geschützt, gehst du nun zu deinem Todestag. Sieh ihn ganz klar. *Bleibe eine Minute.*

Jetzt verläßt du deinen Körper. Du hast diesen Körper verlassen. Du gehst zu deinem höheren Bewußtsein, gehst in dein höheres Bewußtsein und siehst auf das Leben, das du gerade erfahren hast. Schau es dir an und erkenne die Lektion, die du in diesem Leben gelernt hast. *Verweile eine Minute.* Indem du weiter dieses Leben betrachtest, erkennst du, was du von diesem Leben in dein gegenwärtiges mitgenommen hast. *Bleibe eine Minute.*

Dann laß dieses Leben los. Laß die Erfahrungen los, doch er-

innere dich so, daß es dir gut tut. Verlasse dieses Leben und reise zurück in deine gegenwärtige Realität, dein Bewußtsein. Deine Identität ist wieder vollkommen da. Du kehrst entspannt zurück, bist erquickt und voller Energie. Laß dir Zeit, dann öffne
deine Augen und strecke dich.

■   ■   ■

■ ■ ■ ■ ■ ■ ■ ■ *Die künftige Welt* ■ ■ ■ ■ ■ ■ ■ ■ ■

Entspanne, versenke und schütze dich. Du spürst nun, wie du in
den Raum entschwebst. Du entschwebst in die Weite des
Raums. Du spürst, wie dein Körper wächst, er wächst so riesig,
daß du dich selbst als riesige Sternenkonstellation sehen kannst.

Du entschwebst in den Raum, und dein Körper nimmt Form
und Größe einer riesigen Konstellation an. Du bist die Göttin
Diana, die Jägerin. Als Diana hebst du die Arme, um mit dem
Bogen zu schießen. Der Pfeil fliegt durch die Luft, durch die
Nacht. Bald spürst du, daß du dieser Pfeil bist. Du bist eine
Sternschnuppe und reist durch Raum und Zeit. Eine ganz kleine
Zelle. Ein Mikrokosmos, wo einst Makrokosmos war. Eine klei-
ne Zelle mit dem Bewußtsein des ganzen Körpers und all der
harmonischen Beziehungen in dir. Weise und wissend, alles Wis-
sen ist in dieser kleinen Zelle gespeichert.

Die kleine Zelle, der Pfeil, schwirrt nun in den Raum, den wir
Zukunft nennen. Spüre, wie sich dein Bewußtsein erweitert; es
weitet sich beim Abstieg in die zukünftige Welt. Eine andere
Wirklichkeit, eine, die du noch nicht kennst und doch kanntest.
Dies ist die zukünftige Welt, die von dir und allen starken Frau-
en geschaffen wird. Sie ist jetzt hier wie du auch. *Verweile fünf
Minuten.*

Nun hörst du wieder meine Stimme, die dich zurückruft, zurück in diesen Raum, in dein gegenwärtiges Leben. Komm jetzt
zurück. Kehre wach und voller Energie zurück. Öffne die Augen
und strecke dich.

■   ■   ■

■ ■ ■ ■ ■ ■ ■ ■ *Im Spiegel* ■ ■ ■ ■ ■ ■ ■ ■ ■

Entspanne, versenke und schütze dich. Wende dich ab von der
äußeren Welt, von ihrem Lärm, von ihren Spannungen, von ih-

ren Zerstreuungen. Laß die äußere Welt und ihre Belange los. All das betrifft dich nicht länger, und du entspannst dich immer mehr.

Hier in dieser ruhigen, heiteren Atmosphäre wirst du die vielen Dimensionen deiner Persönlichkeit erfahren. Hier in dieser Atmosphäre wirst du deine mutmaßlichen Selbst treffen. Hier in dieser Atmosphäre wirst du ein Bewußtsein erlangen, das deine übliche dreidimensionale Wirklichkeit transzendiert.

In dieser Atmosphäre schaust du in einen Spiegel, einen dreifachen Spiegel. Während du in den ersten Spiegel schaust, geht dein Blick darüber hinaus und dahinter; durch den Spiegel hindurch siehst du ein anderes Selbst, ein mögliches Selbst. Geh in diesen Spiegel und werde zu diesem Selbst, erlebe dieses Selbst. *Verweile fünf Minuten.*

Geh nun sanft zurück und entferne dich von diesem möglichen Selbst. Du bist wieder in deinem Körper und stehst vor dem Spiegel, vor dem zweiten Spiegel. Du siehst dahinter, und durch den Spiegel entdeckst du ein anderes Selbst. Geh durch den Spiegel hindurch und werde dieses Selbst, erfahre dieses Selbst. *Verweile fünf Minuten.*

Nun geh wieder langsam und behutsam zurück, weg von diesem möglichen Selbst. Du bist wieder in deinem Körper und stehst vor dem Spiegel, vor dem dritten Teil des Spiegels. Du schaust dahinter, und durch den Spiegel siehst du ein anderes mögliches Selbst auf dich zukommen. Geh in den Spiegel und werde zu diesem Selbst, erfahre dieses Selbst. *Verweile fünf Minuten.*

Nun kehre wieder sanft zurück und weg von diesem möglichen Selbst. Du bist wieder in deinem Körper und stehst vor dem dreifachen Spiegel. Schau in den Spiegel: gleichzeitig siehst du alle drei möglichen Selbst. Beobachte jetzt, wie sich die Bilder auflösen. Laß die Bilder verschwinden, doch erinnere dich lebhaft an alle Erfahrungen.

Dann kehrst du wieder zu deinem normalen Wachbewußtsein zurück. Kehre in der eigenen Zeit zurück. Du kommst wach und voller Energie zurück.

■ ■ ■

Dieses Kapitel wollte ich mit bestimmten Informationen beenden. Ich wollte beschreiben, was passiert, wenn der physische Körper abgeworfen wird und der Astralkörper in die Astralebene entschwindet. Mit anderen Worten: Was passiert, wenn du stirbst? Ich bat meine Freundin Cathy, mir beim Versenken zu helfen und mich zum höheren Bewußtsein zu leiten. Cathy tat dies und fragte mich, was beim Tod geschieht. Ich spürte entspannenden Frieden, ich konnte kaum darüber sprechen, doch war es leichter als beim letzten Mal. Die ganze Zeit über spürte ich eine Gruppe von Lichtwesen um mich her. Ich spürte absoluten Frieden. Mir wurde meist in Symbolen gezeigt, was beim Tod und danach geschieht. Beispiele wurden gegeben, meist als Bild. Es waren Ereignisse, die ich auf Erden erlebt hatte und die noch am ehesten dem entsprechen, was auf der Astralebene geschieht. Stets hatte ich das Gefühl, daß auf der Astralebene weit mehr passiert. Mir aber wurde nur die erste Ebene gezeigt. Die Worte, die ich formulierte, schienen die Erfahrung nie ganz zu treffen. Obgleich ich andere Leben in linearer Zeit beschrieb, war mir klar, daß ich dies tat, weil es so leichter zu beschreiben war, nicht weil es so passierte. Ich hatte das Gefühl, daß alles jetzt geschah, was sich meines Erachtens daran zeigte, daß mir immer nur kleine Teile des ganzen Geschehens präsentiert wurden. Es gibt viele andere Schwingungsebenen des Lebens, die ich noch nicht sehen kann. Ich fühle aber mehr, einmal sah ich sogar ein höheres Wesen, das so strahlend hell war, daß ich meinen Blick nicht richtig darauf richten konnte.

Frage: Was passiert, wenn du stirbst?
Antwort: Stirbt der Körper, läßt er langsam nach. Das Herz hört auf zu schlagen, der Atem verschwindet, die Organe beenden ihre Funktionen. Alles läßt langsam nach. Der Astralkörper strömt aus, er verläßt den Körper von einem kleinen Punkt unterhalb des Nabels. Er formt eine Wolke. Erinnerst du dich an das Bild von Aladins Wunderlampe? Rieb Aladin an der Wunderlampe, so entstand zunächst eine kleine Wolke, die sich zunehmend verdichtete und dann zu einem Dschinn, dem dienstbaren Geist, wurde. So ähnlich verläßt der Astralkörper den Leib: wie eine kleine zarte Wolke, die sich verdichtet, Gestalt annimmt und, wenn die Silberschnur vertrocknet wie beim Säugling die Nabelschnur, den Körper verläßt. Dann entschwebst du.
Nach dem unmittelbaren Tod des physischen Körpers geschieht das, was du erwartest. Wenn du daran glaubst, daß der Tod lediglich eine Transformation ist, eine Wiedergeburt — und das ist er ja —, stirbst du zwar für die physische Welt, wirst aber in der astralen Welt wiedergeboren, du triffst deine Freunde und

Lehrer dort wieder. Ich sehe das Bild einer Person, die gerade über die Schwelle tritt. Nur ein kleiner Schritt, dort warten Gestalten; sie nehmen dich bei der Hand und helfen dir über die Schwelle.

Wenn du glaubst, daß bei deinem Tod nichts passiert, wirst du eine Zeitlang in diesem Nichts bleiben. Es ist kalt, schwarzer Nebel, und du bleibst so lange, bis dir dämmert, daß du noch lebendig bist, du kannst herumgehen, du denkst immer noch. Du beginnst herumzugehen, und während du deine Bewegung beobachtest, beginnt die Wolke sich zu lichten. Andere Wesenheiten befinden sich am Rand. Sie warten darauf, dir zu sagen, wo du bist. Wenn du bereit bist, sagen sie es dir. Niemand zwingt dich. Niemand eilt durch den Dunstschleier und schüttelt dich oder sagt: „Wach auf.“ Sie warten, bis du kommst.

Auf der Astralebene manifestieren sich deine Gedanken sofort. Es gibt keine Zeitverschiebung, keine Begrenzung wie auf der Erde, wo es sehr viel Disziplin und Konzentration erfordert, etwas zu manifestieren. Was auch immer du über deine Umgebung denkst, wird sich einstellen. Du kannst in dieser raumschaffenden Gedankenform so lange bleiben, wie du magst — bis es dir langweilig wird. Sobald du deine Energien abziehst, wird alles, was du durch deine Gedanken erschaffen hast, sich auflösen. Sobald du bereit bist, werden Wesenheiten dir erklären, was dies alles bedeutet.

Es ist ein ganz friedvolles Gefühl. Fast erstrahlt alles golden. Vollkommene Akzeptanz herrscht. Niemand lacht über dich. Jede Person wird als Individuum gesehen, das erschafft, was immer gebraucht wird. Es gibt Führungspersönlichkeiten, die keine andere Aufgabe haben, als zu führen. Bestimmte Wesen arbeiten mit denen, die gerade herübergekommen sind.

Dann folgt eine Periode des Schlafs in verschiedenen Stufen, je nach deinem Bedürfnis. Falls du vor deinem Tod sehr krank warst, wirst du Zeit für die Erholung brauchen.

Sobald du erkennst, wo du bist, und akzeptierst, daß du nicht wirklich tot bist, sondern geschlafen und dich wieder zusammengesetzt hast, gehst du zu deiner Erinnerungshalle. (Es scheint, als ob mir dies symbolisch gezeigt wird.) Ich sehe das Bild eines riesigen Raums. Ich verbinde ihn mit dem Filmtheater in Disneyland, wo die Leinwand den ganzen Platz umhüllt und du in der Mitte stehst. Du erinnerst dich hier all dessen, was dir je wiederfuhr. Du siehst nicht nur dein gerade vergangenes Leben, sondern alle deine Leben. Du erkennst die Ziele deiner Seele. Es scheint, als sei der Raum die erste Schule, die du auf der Astralebene besuchst. Du gehst dorthin und belebst dein Erinnerungsvermögen. Du erkennst, warum du dich zu dieser bestimmten Zeit inkarniertest, worin deine Ziele bestanden, was du erreicht hast, wie du gewachsen bist und dich entwickeltest, wo du dich behindert und eingeengt hast. Du beurteilst dich selbst. Du bist im vollen Bewußtsein deiner selbst und deiner Fähigkeiten.

Im nächsten Schritt entscheidest du, wie du am besten deine Entwicklung vervollkommnen kannst. Wirst du auf die Erde zurückgehen, um dies zu erreichen? (Ich sehe ganz viele Lichtwesen.) Es gibt viele verschiedene Ebenen. Du gehst im eigenen Rhythmus vorwärts. Es gibt Ebenen, die selbst auf der Astralebene nicht erfaßt werden können. Wenn du hinübergehst, wirst du dich an alles, was dich betrifft, erinnern können. Du weißt eine ganze Menge, weit mehr als du auf der Erdebene wußtest, doch weißt du noch nicht alles.

Um die Umstände deiner Geburt zu wählen, mußt du eine bestimmte Entwicklungsstufe erreichen. (Ich sehe Wesen im Hintergrund.) Du bekommst all die Hilfe, die du brauchst. Es gibt Wesen, die mehr Erfahrung haben als du jetzt. Sie können dir daher helfen und dich bei der Auswahl deiner Geburt beraten. Kannst du die Lektionen, die du lernen sollst, am besten als Mann oder als Frau erfahren? Welche Rasse, welcher sozio-ökonomische Hintergrund wird deine Entwicklung am meisten fördern? Was für eine Familie wäre die beste? Welche Zeit? Alles wird entschieden. Wirst du in einer Kleinfamilie leben? Wird deine Mutter alleinerziehend sein? Wirst du zur Adoption freigegeben? Wirst du dich für eine Familie mit starken Bindungen, in der sich alle gut vertragen, entscheiden? Oder fällt deine Wahl auf eine mit starken Bindungen, aber vielen Konflikten? Wirst du dich für eine Familie entscheiden, in der sehr viel Wert auf Bildung gelegt wird, oder eher für eine, die mehr vom Überleben geprägt ist? Gehst du in eine spirituelle oder mehr materielle Familie? Wählst du eine Familie, die bereits gut entwickelt ist auf dem Gebiet, das du verfolgen möchtest, oder wäre eine mit entgegengesetzten Interessen besser? Oder wirst du eher in eine Gruppe mit lockeren, aber herzlichen Verbindungen gehen, wo man dir viel Freiheit läßt?

Du wählst auch die Lebensdauer. Wird es ein kurzer Aufenthalt oder ein längerer? Wirst du die Vollendung einiger deiner Aufgaben erleben oder mitten aus dem Leben gerissen? Wird deine Aufgabe darin bestehen, die Arbeit anderer weiterzuführen, oder werden andere das von dir Begonnene vollenden? Glaubst du, daß du etwas lernen mußt, wenn dein Potential früh erlöscht, weil du vielleicht an Situationen beteiligt warst, in denen du anderer Leute Entwicklung gehemmt hast? Wird dein Leben frühzeitig enden, um das Gleichgewicht zu halten? Manche Leute halten sich verbissen an eine bestimmte Aufgabe, zu der sie in verschiedenen Umständen immer wieder zurückkehren. Solche Leute sind manchmal Genies oder Wunderkinder. Andere Leute streuen ihre Entwicklung in viele Richtungen. Manche Menschen entscheiden sich für sehr dramatische oder schwierige Umstände, um ihre Entfaltung voranzutreiben.

Frage: Was hat das mit der Überseele zu tun?

Antwort: Das Wesen auf der physischen Ebene ist nur ein Aspekt der Gesamtenergie der Überseele. Du kannst auch auf der Erde deine Ziele klarer erkennen — indem du die Existenz der Überseele anerkennst. Mit der Überseele kannst du dich in Träumen, in der Meditation und in Phantasiereisen verbinden. Wenn du betest, richtest du im Grunde deine Bitte an deine Überseele. Auch in der kreativen Visualisierung schickst du deine Energie zu deiner Überseele. Je besser du deine Energie zentrieren kannst, desto klarer wirst du. So wird es leichter für dich, deine Ziele zu erreichen. Du wirst ausgeglichener, wenn du das größere Ganze erkennst. Du bist dann nicht so verhaftet oder engst dein Blickfeld nicht mehr so oft ein. Mit der Überseele zu kommunizieren, bedeutet, einen Schritt zurücktreten, um das Ganze zu sehen. Du erkennst unsichtbare Ziele und unsichtbare Kräfte.

Frage: Worin besteht die Verbindung zwischen den Überseelen auf der Astralebene?

Antwort: Ich sehe riesige Lichtwesen, die ihre Hände ausstrecken. Aus ihren Händen kommen Lichtstrahlen, die sie mit den kleineren Wesen verbinden. Die kleineren Wesen sind in den Überseelen vereint, und alle Überseelen sind wie ein Blütenblatt gefaltet und formen ein riesiges Wesen, wie eine riesengroße Konstellation. Zusammen ergeben die Überseelen die gesamte Schöpfung, vollkommene Energie. Die Überseele ist der herrschende Körper: Als am Anfang alle Wesen gleichzeitig geschaffen wurden, war jede Wesenheit eine Überseele, die, durch die Schöpfung befreit, mehr Formen erschuf, um individuelle Erkundung durchzuführen. Jede kleinere Wesenheit ist Teil der Schöpfung der Überseele, und jede Überseele ist Teil der Erforschung und Schöpfung der Göttin.

Ich sehe ein Bild aller Dimensionen. Es sieht aus wie eine große Hand, die viele Netze hält. Die Netze können sich entfalten, zu verschiedenen Dimensionen, oder wie ein einziges zusammenfalten. Jedes Netz ist eine Arena, Bühne oder Lebenszeit, jedes hat ein anderes Tempo, folgt einem anderen Rhythmus oder Schwingungsfeld. Daher rührt die Idee der Zeit. Es scheint, daß eine Netzwand oder Zeit 42–2000 vor Christus ist, die andere 1500 nach Christus oder 2000 nach Christus. Denn alles lebt eine andere Schwingung, einen anderen Puls. So wie im Tierreich eine Fliege vierundzwanzig Stunden lebt, ein anderes Tier drei Tage, eine Woche, drei Monate, sieben Jahre und so weiter. Dennoch durchlebt jedes Tier die ihm zugemessene Zeit als ganzes Leben. Die Kurzlebigen folgen einer schnelleren Schwingung.

Frage: Wie verhält sich die Astralebene zeitlich zur Erde?

Antwort: Es ist eine andere Schwingungsebene. Ich denke, daß daher das Konzept von Himmel und Hölle stammt – von den verschiedenen Schwingungsebenen. Es gibt weder Himmel noch Hölle im christlichen Sinn, doch verschiedene Wachstumsstadien. So wie es verschiedene Musiknoten gibt. Ich sehe eine große Symphonie – ich höre die Symphonie. Es kann auch unharmonisch sein. Alles ist Bewegung. Das ist Leben – Bewegung. Es fließt vor und zurück, Ebbe und Flut, zunehmen, abnehmen. Das schafft die Bewegung. Wie beim Atmen Ein- und Ausatmung da sein müssen. Batterien müssen negative und positive Pole haben. Ein Magnet zeigt Norden und Süden. Die Erde ist ein großes Magnetfeld. Du kannst aus diesem Feld herausgehen. Auf der Astralebene gehst du aus dem Magnetfeld heraus.

Frage: Gibt es positiv und negativ auf der Astralebene?

Antwort: Nicht auf den höheren Ebenen. Ich weiß nicht, wie Bewegung ohne Spannung entsteht, aber es fühlt sich anders an. Vielleicht ist es deswegen so friedlich, ohne Spannung, doch mit Bewegung. Hier gelten andere Gesetze. Es gibt keine Schwerkraft.

KAPITEL ACHT

TRÄUME

Träume sind Mitteilungen deiner Psyche über deine Psyche. Erinnern und Aufschreiben von Träumen sowie das Nachdenken darüber führen zu einem tieferen Verständnis des eigenen Selbst. Träume sagen dir etwas über deine verborgenen Fähigkeiten und ungenutzten kreativen Energien. Sie lassen dich aber auch Negatives wissen. Sie geben dir Auskunft über vernachlässigte oder unterdrückte Teile deiner Persönlichkeit.

Träume besitzen eine Wirklichkeit, die sich zwar von der physischen unterscheidet, aber keineswegs weniger wertvoll als diese ist. Manchmal sind sie aus so zarten Fäden gewebt, daß du sie kaum fassen kannst; dann wiederum zeigen sie Ereignisse so lebendig, daß es dich erschreckt, etwas zu sehen, das deinem Bewußtsein verborgen blieb. Träume vergrößern und intensivieren Gefühle, damit du sie besser bemerkst.

Träume können dein Leben bereichern, indem sie dir neue Möglichkeiten eröffnen. Sie enthalten dein persönliches Unbewußtes (vergessene Erinnerungen, unverwirklichte Talente, unterdrückte Wünsche, Urinstinkte und kreative Energien) und bergen ebenso das kollektive Unbewußte (ererbte Weisheit der Menschheit, die Dimension, die uns alle mit dem universellen Geist verbindet). Wenn du deine Träume verstehst, wirst du deine Gefühle mit deinen Gedanken in Einklang bringen können und deinen Körper/Geist mit universellen spirituellen Kräften verbinden.

In deinen Träumen verarbeitest du Probleme, läßt Feindschaft und Furcht los, findest Lösungen und entdeckst Gefühle, die dir in deinem Wachzustand unbewußt blieben. Weil dein Traumgeist frei von sozialen, kulturellen und politischen Vorurteilen ist, kann er Gefühle und Schwingungen aufnehmen, die du im wachen Zustand übersiehst. Deine Träume werden im Reich der Zeitlosigkeit geschaffen, wo Vergangenheit, Gegenwart und Zukunft eins sind. Befreit von der Illusion der linearen Zeit, bringen dir Träume Botschaften aus der Vergangenheit (sowohl vergangene Erinnerungen als auch zurückliegende Inkarnationen), zeigen dir, was in der Gegenwart geschieht, und lassen dich einen Blick in die Zukunft tun, wo du künftige Möglichkeiten und Ereignisse entdeckst.

Ein Traum bringt dir Botschaften aus vielen Dimensionen. In deinen Träumen kannst du dich mit deiner Überseele verbinden, Inkarnationen erkennen und Wissen über andere Menschen, Orte und Ereignisse erlangen. Alle Ereignisse sollten im Licht deiner gegenwärtigen Situation gesehen werden. Sie werden dir jetzt enthüllt, weil sie mit deiner aktuellen Situation zu tun haben.

Träume kommunizieren durch Bilder und Imaginationen; Symbole werden benutzt, die sowohl universell als auch individuell einzigartig sind. Du kannst das Symbol nicht vom Traum oder den Traum von der träumenden Person trennen. Um deine Träume zu verstehen, mußt du sie beachten und respektieren, wie es ihnen zukommt. Sie müssen dir teuer sein. Du solltest sie immer wieder in deinem Herzen wälzen, mit ihnen reden, bis die Botschaft klar wird. Wenn du die Sprache der Träume lernen willst, kannst du die universellen Symbole der Mythen und Märchen erforschen oder Einsichten anderer Leute zur Erklärung heranziehen — aber nur die Träumerin kann sagen: „Diese Bedeutung stimmt für mich."

Traumerinnerung: Damit du dich deiner Träume erinnerst, sagst du dir beim Schlafengehen mehrmals: „Ich werde mich meiner Träume erinnern." Am besten funktioniert diese Suggestion, wenn du dich entspannst und versenkst. Lege Papier und Stift in Reichweite deines Betts bereit, so daß du beim Aufwachen sofort deine Träume aufschreiben kannst. Dadurch erkennt dein Traumselbst, daß du dich wirklich an deine Träume erinnern willst.

Wieder in den Traum hineingehen: Entspanne, versenke und schütze dich. Stell dir vor, du gehst eine lange Wendeltreppe hinunter: Unten angelangt, trittst du in deinen Traum. Träume den Traum vollends zu Ende und kehre dann in dein Wachbewußtsein zurück.

Meditation über ein Traumsymbol: Wähle ein Symbol aus deinen Träumen, das dir unklar blieb. Dann entspanne, versenke und schütze dich. Reise in deinen Traumraum, sieh das Symbol und verharre ruhig und still. Laß Bilder und Erkenntnisse auftauchen. Du kannst dir suggerieren, daß immer mehr Bilder dir das Symbol erhellen. Bevor du zu deinem Alltagsbewußtsein zurückkehrst, sage dir, daß weitere Einsichten sich im Lauf des Tages einstellen werden.

Dialog mit einem Traumcharakter: Suche dir einen Charakter aus deinen Träumen, den du gern näher kennenlernen möchtest. Entspanne, versenke und schütze dich. Reise zu deinem Traumraum, sage dir, daß bei deiner Ankunft dein Traumcharakter auftauchen wird. Schau dir diesen Charakter genau an. Sprich mit ihm, frage, warum er oder sie in deinen Träumen auftauchen und was er/sie dir sagen will. Hast du die Unterhaltung beendet, kehre zu deinem Wachbewußtsein zurück.

Träume zu besonderen Problemen: Sobald du dich deiner Träume erinnerst und mit ihnen arbeitest, möchtest du vielleicht um bestimmte Träume bitten. Vielleicht willst du Angst verarbeiten oder Groll, Furcht, Ärger oder irgendein anderes Problem. Wenn du also zum Beispiel Schwierigkeiten mit deiner Unabhängigkeit hast, könntest du um einen Traum bitten, in dem du völlig unabhängig agierst. Wiederhole diese Bitte mehrmals vor dem Einschlafen. Hast du Schwierigkeiten, deinen Ärger auszudrücken, bitte um Träume, in denen du deinen Ärger ausdrückst, ohne dich oder andere zu verletzen. Möglicherweise mußt du die Suggestionen mehrere Nächte nacheinander benutzen.

Problemlösungen: Suggeriere dir, daß du einen Traum haben wirst, der dir die Lösung eines bestimmten Problems aufzeigt. Die Suggestion sollte klar und einfach sein und mehrmals vor dem Einschlafen wiederholt werden. Es kann mehrere Nächte dauern (in denen du die Suggestion wiederholst), bis die Lösung im Traum auftaucht.

Die innersten Gedanken und Gefühle erkennen: Wenn du dir über deine Gefühle im unklaren bist, wünsche dir einen Traum, der dir deine wahren Gefühle enthüllt. Wiederhole die Suggestion mehrmals vor dem Einschlafen. Es kann mehrere Nächte dauern.

Die folgende Übungsreihe von Phantasiereisen soll dich in den Traumraum führen. ,,Frauenvision" zeigt Frauen ihren inneren Raum, ihren Körper, ihre Bilder und Träume. ,,Traumerkenntnis" führt dich sanft und sicher in einen Traumraum, in dem du dich und dein Leben siehst, wie du es geschaffen hast. Dadurch erlangst du eine neue Selbstbewußtheit, die du in deinen Alltag integrieren kannst. ,,Tempelschlaf" ist die Wiederbelebung eines alten Heilrituals. Damals begab frau sich für eine Nacht in einen

Tempel oder an einen heiligen Ort. An diesem Ort fällst du in einen tiefen traumähnlichen Schlaf, in dem Göttinnen und andere Wesen dich besuchen, um dich zu heilen. „Innere Reise" ist ein Reiseappell. Du kannst tief in deinen Traumraum hineinreisen oder deinen physischen Körper verlassen und in deinem Astralkörper reisen, wohin du magst.

„Moorritual" basiert auf einem Traum meiner Freundin Kata. Darin geht sie in eine Moorlandschaft, wo ein Ritual im Gange ist. Sie darf dieses Ritual beobachten, um daraus zu lernen. Kata träumte diesen Traum, als sie, ich und andere Frauen ein Vollmondritual zelebrierten. Nach dem Traum schrieb Kata eine phantastische Erzählung, die sie auf Band sprach, so daß wir alle in Trance gehen konnten und das Ritual erlebten.

■ ■ ■ ■ ■ ■ ■ ■ *Frauenvision* ■ ■ ■ ■ ■ ■ ■ ■

Entspanne, versenke und schütze dich. Du bist jetzt ganz ruhig, entspannt und lauschst deinem Körper/Geist. Laß die Energie fließen, während du in Kontakt mit deinem Körper/Geist trittst. Nimm alle Empfindungen deines Körpers wahr. Entspanne dich weiter, laß Energien fließen.

Spüre, wie du ganz tief in deinen Frauenkörper hineinsinkst. Fühle dich vollkommen zentriert in deinem Frauenraum. Sei dir deines Frauenkörpers ganz bewußt, spüre ihn ganz tief, werde dir deiner Muskeln und Sehnen bewußt, spüre dich bis ins Knochenmark.

Spüre deine Beine und Füße. Spüre die Kraft in deinen Beinen und Füßen. Sei dir deines Frauenkörpers bewußt, deines Bekkens, deines Schoßes, deiner Lebenskraft, spüre deinen Frauenkörper, deinen Bauch, spüre jede Zelle und jedes Gewebe, spüre jedes Organ, sei dir deiner Stärke bewußt, der Hohlräume, deiner Fülle. Sei dir deiner Zellen vollkommen bewußt, deines Gewebes in deinem Körper, deiner Brust, deiner Brüste, deiner Kraft, deiner Weichheit. Sei dir deines Frauenkörpers vollkommen bewußt, deines Rückens, jeden Wirbels, deiner Muskeln und Sehnen in deinem Rücken, deiner Stärke, deiner Begrenzung, deiner Schultern, deines Nackens, der Muskeln, Sehnen, Knochen. Sei dir deines Frauenkörpers bewußt, deiner Hände und Arme, deiner Energien, deiner Stärken, deiner Kreativität. Sei dir deines Frauenkörpers bewußt, deines Kopfes. Sei dir deines Geistes, deiner Stärke, deiner Weisheit, deiner Augen, deiner Nase, deines Mundes, deiner Lippen, deiner Wangen, deiner Ohren, deiner Kopfhaut. Sei dir deines Frauenkörpers und deiner Frauenstärke vollkommen bewußt.

Nun laß dieses Bewußtsein deines Körpers schwinden. Laß es allmählich und leicht entschwinden, während du dich tiefer in deinen Frauenraum begibst. Du sinkst tief in deine Frauenseele. Du bist dir jetzt nur deines Bewußtseins bewußt, fühlst dich sehr leicht und sehr frei, dein Körper ist sehr leicht, das Körperbewußtsein schwindet immer mehr. Dein Bewußtsein ist vollkommenes Frauenbewußtsein. Spüre dich vollkommen in der Mitte deines Frauenraums. Nun fängst du an zu träumen. Tatsächlich hast du nie aufgehört zu träumen. Und du träumst diesen Traum weiter, träumst, trägst diesen Frauentraum weiter. Deine Sicht verschwimmt, während du dich dem Meer deines größeren Bewußtseins hingibst. In diesem Meer gemeinsamer Bilder schwimmend träumst du. Träumen, schwimmen, schweben, träumen. Frauenraum, Frauenseele, Frauentraum. *Verweile fünf bis zehn Minuten.*

Du schwimmst nach oben, bringst deinen Traum mit, diesen Frauentraum. Schwimme hinauf und zurück in dein Alltagsbewußtsein. Kehre entspannt, erquickt und voller Energie zurück. Öffne die Augen und strecke dich.

■ ■ ■

■ ■ ■ ■ ■ ■ ■ ■ *Traumerkenntnis* ■ ■ ■ ■ ■ ■

Entspanne, versenke und schütze dich. Du bist jetzt vollkommen entspannt und gehst in tiefe Trance. Du findest dich in einer Wüste wieder. Ein wunderbares Pferd kommt auf dich zu. Du steigst auf das Pferd und galoppierst durch den Wüstensand. Die Bewegungen des Pferdes sind anmutig und geschmeidig. Es scheint, als ob die Beine des Pferdes die deinen wären und du und das Pferd eins sind. Du galoppierst immer weiter und fliegst beinahe durch die sandige Wüste.

Nun rastest du an einer kleinen, kühlen, grünen Oase. Inmitten der Oase steht ein wunderschönes Zelt, ein Seidenzelt, an dessen Eingang goldene Glöckchen bimmeln. Du kletterst vom Pferd, gehst zum Eingang des Zeltes, kannst aber nicht hinein, weil das Zelt voller Leute ist. Es steckt voller Menschen, Dinge und Gefühle. Alles ist so dichtgedrängt, daß nichts und niemand mehr hineinpaßt.

Während du noch erstaunt dastehst, fegt plötzlich ein Windstoß durch das Zelt, der alles hinwegbläst, was das Zelt verstopft. Jetzt ist es leer bis auf einen einzelnen, sehr kostbaren und reich gewirkten Teppich inmitten des Zelts. Die Symbole des Teppichs sind so verzweigt und verschlungen, daß sie zweifellos magisch sind. Du legst dich auf den Teppich und spürst die Magie förmlich. Du spürst den angenehmen Schutz dieser Symbole. Im Schutz dieser Symbole sinkst du ganz sanft in einen traumähnlichen Schlaf. Du begibst dich in diesen Traum, träumst diesen Traum, schwebst ganz sicher in deinem Traum: Du siehst dein Leben. Du siehst dein Leben klar und deutlich, so wie du es geschaffen hast. Jenseits des Traums erkennst du die Teile deines Lebens, die du sehen möchtest, und du weißt, daß du sowohl die schmerzvollen als auch freudigen Ereignisse akzeptieren kannst, da sie alle zu dir gehören. Jetzt, da du sicher geschützt von den magischen Symbolen des Teppichs dein Leben betrachtest, gelangst du zu einem neuen und klareren Verständnis deiner selbst. Du erkennst, wer du bist, wo du herkommst und wohin du gehst. Du siehst dies in einem dir üblicherweise nicht zugänglichen Bewußtsein. Mit diesem Traum jedoch wirst du klar und bringst diese Klarheit in deinen Alltag zurück. *Verweile fünf oder zehn Minuten.*

Du erwachst aus diesem Traum, bringst deinen Traum mit, integrierst ihn in dein Alltagsbewußtsein. Träume den Traum weiter und kehre entspannt, erquickt und voller Energie zurück. Öffne die Augen und strecke dich.

■ ■ ■

■ ■ ■ ■ ■ ■ ■ ■ *Tempelschlaf* ■ ■ ■ ■ ■ ■ ■ ■

Entspanne, versenke und schütze dich. Dein Atem wird immer langsamer und tiefer. Nun spürst du den Wind, hörst ihn rauschen. Fühle den Lufthauch auf deinem Körper. Laß den Wind durch deinen Geist wehen, ihn von allen Gedanken befreien. Er fegt alle Ängste hinweg, jeglichen Schmerz, Ärger, Zweifel. Laß den starken, reinen Wind dich umwehen und dich tief in die geheimen Winkel deines Herzens führen, tief in die verborgensten Winkel deiner Seele. Laß den Wind all deine Spannungen, deine Zwänge, deine Verwirrung davontragen.

Du bist jetzt rein und klar, fühlst dich sehr leicht, während du hinabschwebst, wie immer durch einen Lichtkreis geschützt, der dich umhüllt und jegliches Unheil von dir fernhält.

Du fällst in einen sehr tiefen, traumähnlichen Schlaf. Darin wirst du jetzt — ähnlich den Frauen der Antike — ein Heilritual erleben, ein Ritual der Regeneration, ein Ritual der Wiedergeburt.

Erinnere dich nun daran, wie unsere Urmütter sich vom Rest des Dorfes trennten und zum Tempel der Göttin gingen. In der Nacht kamen Göttinnen und andere Wesen, um das notwendige Heil- und Wiedergeburtsritual auszuführen. Die Göttinnen erschienen im Traum, in einer Vision, in sprühender Intuition. Sie wirkten als Katalysatoren und weckten Energien, die noch lange nach dem Erwachen nachwirken.

Ähnlich den Frauen der Antike steigst du nun immer tiefer, bis du dich in einem wunderschönen Tempel wiederfindest, einem Tempel jenseits der Zeit, einem Tempel, der sich auf heiligem Grund befindet. Hier an diesem heiligen Ort wirst du von Figuren begrüßt, die in Roben mit Kapuzen gehüllt sind. Ihre Gesichter verlieren sich im Schatten.

Folge diesen Figuren durch lange Korridore, durch das Labyrinth der Zeit. Du gehst hinunter und herum, bis du den Mittelpunkt erreichst, einen runden Raum mit einem Steinsockel darin. Auf diesen Stein legst du dich wie all die Frauen vor dir und träumst — träumst einen Traum des Heilens, des Erneuerns, der Wiedergeburt. *Verweile ungefähr zehn Minuten.*

Wenn du aus deinem Traum erwachst, erhebst du dich von dem Stein und gehst die langen, gewundenen Gänge zurück. Langsam kehrst du zurück zu deinem Alltagsbewußtsein. Laß dir Zeit, erinnere dich all deiner Erlebnisse. Dann kehrst du zurück, öffnest die Augen und streckst dich.

■   ■   ■

■ ■ ■ ■ ■ ■ ■   *Innere Reise*   ■ ■ ■ ■ ■ ■ ■

Entspanne, versenke und schütze dich. Du entspannst dich jetzt, atmest tief und wirst zunehmend entspannter. Jeder Atemzug trägt dich immer tiefer. Die Reisen sind zielgerichtet: Sie sollen dich zu einem tieferen Bewußtsein und Verständnis deiner selbst führen. Du sollst dieses Selbst erkennen und lieben. Du sollst wissen — falls du es noch nicht weißt —, daß du aus mehr als einem physischen Körper bestehst, daß du mehr wahrnehmen kannst, als deine gewöhnlichen Sinne erlauben, daß dein Geist mehr weiß als dein logischer Verstand. Du bist mehr als dein physischer Körper, mehr als dein logischer Verstand, mehr als seine Erfahrungen.

Du verstehst all dies, verstehst es vollkommen, wenn du in verschiedene Dimensionen reist. Reise an Orte, wo du von deinem physischen Körper befreit bist, frei von Gedanken, frei von Angst, frei von Schmerz, frei von Ärger, frei von Sorgen. Du kannst all das hinter dir lassen, so wie du es jetzt tust, indem du meiner Stimme lauschst. Jetzt siehst du neben dir eine alte schwarze Truhe mit Ledergriffen und großen Metallschlössern. Hebe den schweren Deckel der Truhe hoch und lege all deine Sorgen, Ängste, Schmerzen, Ärger und Neid hinein. Laß all deine Sorgen und Ängste los. Lege sie einfach in die Truhe und schließe den schweren Deckel. *Verweile eine Minute.*

Jetzt hörst du wieder meine Stimme, die dich in diese materielle Welt zurückholt. Und du weißt, daß du deinen physischen Körper ganz sicher hier in diesem Raum zurücklassen und jederzeit zurückkehren kannst. Nun wirst du deinen Körper zurücklassen und eine Reise antreten.

Du gehst auf eine Reise, eine sanfte Reise der Selbstliebe und Selbsterkenntnis, eine Reise, auf der du jenes Selbst erkunden wirst, das vor dem dir jetzt bekannten Selbst existierte, welches nun deinen Namen trägt. Bei dieser Reise wirst du dich erkennen, dir vertrauen und den vielen Dimensionen deiner selbst. Reise jetzt; leicht und sanft gehst du aus deinem physischen Körper. Du kannst reisen, wohin du willst. Ich werde dich nach kurzer Zeit zurückrufen. Du kommst dann zurück in diesen Raum, zurück in deinen physischen Körper. Jetzt aber reist du frei, leicht und sicher und begibst dich auf diese Reise der Selbstliebe. Reise und erinnere dich, erinnere dich deiner Erfahrungen. *Verweile etwa sieben Minuten.*

Nun hörst du wieder meine Stimme, sie ruft dich zurück, ruft dich in diesen Raum und in deinen physischen Körper zurück. Du kehrst leicht und sanft und vollkommen entspannt zurück. Du fühlst dich erquickt und voller Energie.

■   ■   ■

■ ■ ■ ■ ■ ■ ■ ■ *Moorritual* ■ ■ ■ ■ ■ ■ ■ ■

Entspanne, versenke und schütze dich. Reise in einen Wald, bahne dir einen Weg durch den Wald. Du gehst immer tiefer und weiter hinein. Du folgst einem Waldpfad, bemerkst, wie die Erde unter deinen Füßen weicher wird. Die Luft ist kalt geworden und feucht, die Erde weich und schwammig. Du bist in ein Moor geraten, und dieses Moor weckt in dir Erinnerungen an fernste Vergangenheiten. Erinnere dich jetzt, deine Erinnerung ist ganz lebendig, es ist der Ort, an dem sich deine Schwestern allmonatlich versammelten, „wenn der Mondbrunnen randvoll ist". (Sue Silvermarie: „Meeting", in: *Letters of a Midwife*.)

Auch heute nacht sind sie wieder hier, und du gesellst dich freudig zu ihnen, begibst dich in ihren Kreis. Du betrittst den Kreis und weißt, daß ihr zusammen an diesem Ritual teilnehmt, weil ihr Wissen erlangen wollt. Ihr dreht euch gemeinsam im Kreis, reicht euch die Hände. Zunächst beginnt ihr langsam und dreht euch sanft im Kreis. Ihr dreht und wendet euch im Mondlicht, summt ein ruhiges Lied. Rundum geht der Kreis, wird schneller und immer schneller. Der ganze Körper ist nun in Bewegung, in einer sanften und starken Bewegung.

Die Stimmen singen voll und klar. Singen und Tanzen werden stärker, lauter und schneller. Das Ritual des Wissens beginnt. Auf diese außergewöhnliche Weise wird Wissen, intuitives Wissen erlangt.

Während du dich weiter im Mondlicht drehst und wendest, verändert sich dein Körper. Die Körper aller Frauen verändern sich: Sie werden zu Gänsen. Und plötzlich erhebt sich die Schar in die Nacht, sie fliegt hinweg, Wissen zu erlangen. Bei der Rückkehr zum Moor wirst du wieder deine Gestalt annehmen, in deinen Körper zurückgehen — doch jetzt im Körper der Gans wirst du Wissen erlangen. *Verweile etwa zehn Minuten.*

Nun hörst du wieder meine Stimme, die dich zurückruft, zurück ins Moor, zurück in deinen Körper. Deine Identität ist wieder voll hergestellt. Jetzt kehrst du in diesen Raum zurück. Du bist ganz wach und voller Energie. Mit dir bringst du das Wissen, das dir gehört.

■   ■   ■

KAPITEL NEUN

PSYCHISCHE FÄHIGKEITEN FÜR KINDER

Das Seelenbewußtsein der Kinder zu fördern, ist eine dankbare und lohnende Aufgabe. Es liegt in der Natur der Kinder zu wachsen und zu leben. Sie sind ungeheuer neugierig; dank ihrer lebhaften Vorstellungskraft kommen sie leicht in imaginäre Bereiche. Kinder erzählen gern ihre Träume, und wenn du dich dafür interessierst, werden sie sich noch besser erinnern. Sie halten ihre Träume für wahr und wichtig, da ihr Bewußtsein noch nicht durch Logik und Ratio eingeengt ist. Leider wird diese Spontaneität oft genug abgeblockt, indem ihnen gesagt wird, sie sollten aufhören, Geschichten zu erzählen, und nicht länger ihren Tagträumen nachhängen. In der Entfaltung psychischer Fähigkeiten lernen sie Entspannung. Sie konzentrieren sich auf ihren Körper, hören aufmerksam zu, sehen sehr klar und lernen ihre Träume schätzen. Sie erfahren, wie sie ihre Vorstellungskraft einsetzen und ihre Tagträumerei zur Schaffung erwünschter Situationen nutzen können. Sie lernen positive Möglichkeiten zum Ausdruck ihrer Gefühle sowie die Verbindung zu Emotion und Intuition. Sie lernen, unabhängiger zu werden, auf sich selbst zu vertrauen statt Erwachsene zu manipulieren, damit die ihnen ihre Wünsche erfüllen.

In meinem Haushalt leben zwei Erwachsene und drei Kinder, Mike, Marc und Jake. Ich begann mit den Kindern zu arbeiten, als sie fünf, sechs und acht Jahre alt waren. Jedesmal vor dem Schlafengehen haben wir Entspannungs- und Atemübungen gemacht. Statt also Gutenachtgeschichten zu hören, haben die Kinder sich mit geschlossenen Augen hingelegt, und ich habe sie in Trance geführt. Die Sitzung schloß gewöhnlich mit den Worten: „Und du wirst dich an alles erinnern und es mir am Morgen erzählen."

■ ■ ■

■ ■ ■ ■ ■ ■ *Tiefenentspannung* ■ ■ ■ ■ ■ ■

Laß uns mal ausprobieren, ob du deinen Körper so entspannen kannst, als ob du schläfst. Du bleibst aber wach und hörst, was ich sage. Leg dich bequem hin. Schließe die Augen und entspanne deinen Körper, während ich rede. Bewege deine Zehen und Füße und entspanne sie. Laß sie locker und weich werden wie eine Stoffpuppe. Dann laß deinen Magen sich entspannen, deinen Bauch. Laß ihn ganz locker werden, als ob er mit Sägemehl gefüllt wäre. Dann spanne deine Hände an, balle sie zur Faust und entspanne sie. Zieh das ganze Gesicht zusammen und entspanne es. Dein ganzer Körper ist jetzt sehr entspannt. Du fühlst dich wie eine Stoffpuppe, locker und weich. Dein Körper ist mit Sägemehl gefüllt.

■   ■   ■

■ ■ ■ ■ ■ ■ ■ ■   *Tiefenatmung*   ■ ■ ■ ■ ■ ■ ■ ■

Atme ganz tief ein und aus, so lange du kannst. Stell dir vor, du bläst deinen Atem über die ganze Welt. Dann atme tief ein, zieh die Luft in deine Lungen. Und nun läßt du die Luft heraus und zwar ganz langsam, du bläst sie wieder über die ganze Welt. Bleibe bei diesem ruhigen und langsamen Atmen. Zieh die Luft hinein und blase sie dann über die ganze Erde. Lege deine Hände auf deinen Bauch und spüre, wie er sich mit deinem Atem bewegt. Stell dir vor, du bläst beim Einatmen einen Luftballon auf, und beim Ausatmen läßt du ihn zusammensacken. *Verweile eine Minute.* Der Atem kommt tief aus dem Inneren deines Körpers. Du hast ganz viel Energie und kannst sie auf verschiedene Weise benutzen. Spüre die Energie mit deinem Atem. Es ist deine Lebensenergie. Sie hält dich am Leben, stark und gesund. Öffne jetzt die Augen.

■   ■   ■

■ ■ ■ ■ ■ ■ ■ ■   *Intensiv Hören*   ■ ■ ■ ■ ■ ■ ■ ■

(Bei dieser Übung können sich die Kinder hinlegen oder setzen.)
 Laß uns mal probieren, ob du mit deinem inneren Ohr hören kannst. Schließe die Augen und mach es dir bequem. Laß deinen Körper sich entspannen, wie wir es vorhin geübt haben. Laß alle deine Körperteile locker werden, als ob sie mit Sägemehl gefüllt seien. (Fahre weiter mit Anleitungen fort, falls es nötig sein sollte.)
 Atme jetzt ganz tief, ziehe Luft in dich hinein und laß sie langsam heraus. Blase, als ob dein Atem über die ganze Erde

streifen sollte. Bleibe bei diesen tiefen Atemzügen und laß langsam die Luft aus deinem Körper entweichen, als ob du sie bis ans Ende der Welt schicken wolltest.

Achte nun auf die Geräusche, die dein Körper beim Ein- und Ausatmen macht. Vielleicht knurrt dein Magen ein wenig. Oder du hörst deinen Herzschlag. Vielleicht spürst du auch eine Schwingung oder ein Schütteln in deinem Körper. Achte genau auf die Geräusche, die dein Körper macht. Höre nur auf die Geräusche deines Körpers. *Verweile ungefähr eine Minute.*

Nun achte ganz genau auf die Geräusche ringsum. Höre genau auf die Geräusche außerhalb deines Körpers und merke sie dir. (Erwähne die Geräusche ringsherum.)

Laß die Augen geschlossen und sperre die Geräusche von außerhalb aus. Schotte dich ab. Höre nun wieder genau auf die Geräusche in deinem Körper. Achte auf deine Atmung. Höre deinen Herzschlag. Höre, wie dein Magen knurrt.

Jetzt öffne die Augen. Hast du anders als sonst gehört? Konntest du die äußeren Geräusche ausschalten und nur auf deinen Körper lauschen? Was hast du zuerst gehört, als du die äußeren Geräusche wieder aufgenommen hast? Konntest du auch leisere Töne als sonst vernehmen? Konntest du auch wieder nur deine eigenen Töne hören?

■　■　■

■ ■ ■ ■ ■ ■ ■ ■ *Intensiv Sehen* ■ ■ ■ ■ ■ ■ ■ ■

Setz dich so hin, daß es für dich angenehm ist. Schließe die Augen und entspanne deinen Körper. (Falls nötig, gib weitere Anleitungen.)

Atme jetzt dreimal ganz tief. Atme ein, halte den Atem und atme so stark durch den Mund aus, als wolltest du eine Kerze ausblasen. Nun mach es noch einmal, atme ein, halte den Atem und atme wieder durch den Mund aus, als ob du eine Kerze ausblasen würdest. Gut so. Und jetzt noch einmal.

Dann öffne die Augen und sieh dir dieses Bild an. (Oder einen Gegenstand; etwas, das du vorher ausgesucht hast.) Sieh es dir ganz genau an. Schließe die Augen wieder und beschreibe mir das Bild. Sag einfach alles, woran du dich erinnerst. Jetzt öffne die Augen wieder und schau dir das Bild noch einmal an. Konntest du alles behalten? Nun steh auf und geh langsam durch den Raum. Schau genau hin. Deine Augen sind wie Fotoapparate und nehmen Bilder des Raums auf. Dann komm wieder her und setze dich hin. Schließe die Augen und beschreibe den Raum. Sag mir alles, was du gesehen hast. Mit geschlossenen Augen erzählst du mir alles über den Raum. Öffne nun die Augen und sieh dich wieder um. Hast du dich an die meisten Dinge im Raum erinnern können?

■   ■   ■

■ ■ ■ ■ ■ ■ *Mit dem inneren Auge sehen* ■ ■ ■ ■ ■

(Diese Übung sollte erst gemacht werden, wenn die Kinder einige Erfahrungen mit der Übung „Intensiv Sehen" gemacht haben. Die Kinder können sich hinlegen oder auch setzen.)

Jetzt wollen wir einmal sehen, ob du mit deinen inneren Augen sehen kannst. Bei geschlossenen Augen kannst du dein Kinoprogramm entwerfen oder Fotos machen. Schließ die Augen und entspanne dich, wie wir es zuvor getan haben. (Gib weitere Anleitungen, falls nötig.)

Nun atme sehr langsam ein und laß beim Ausatmen die Luft über die ganze Erde strömen. *Pausiere eine Minute.*

Jetzt kannst du mit deinem inneren Auge sehen. Du kannst Bilder mit deinem inneren Auge machen, während ich dir eine Geschichte erzähle. Doch zunächst ziehst du einen magischen Kreis um dich. Zieh einen magischen, weißen Lichtkreis um dich. Zieh immer, wenn du mit deinen inneren Augen siehst, einen Zauberkreis um dich.

Nun stell dir vor, wie du in deinem Schlafzimmer zum Schrank hingehst. Im Schrank befindet sich eine magische Tür. Diese Geheimtür öffnet sich, und du stehst oben an einer riesigen Rutsche. Sie ist größer als jede Rutsche, die du je gesehen hast. Sie hat ganz viele Kurven und Windungen. Da du einen Schutzkreis um dich gezogen hast, kannst du ganz sorglos hinunterrutschen. Du rutschst diese riesige Rutschbahn hinunter und rund herum und wirst immer schneller. Unten angekommen, findest du einen See. Geh ans Ufer. Du stehst am Ufer und wirfst Steine über das Wasser. Sieh die Ringe, die sie machen, wenn sie aufklatschen.

Jetzt siehst du ein Boot auf dich zukommen. Es kommt zum Ufer des Sees. Du kletterst hinein und segelst davon. Du findest es ganz toll auf diesem Boot und segelst so dahin.

Das Boot hält jetzt am anderen Ufer des Sees. Du steigst aus und gehst über das Feld. Es ist ein ganz besonderes Feld, das du da mit deinem inneren Auge erblickst. Du kannst jederzeit auf dieses Feld gehen, immer wenn dir danach zumute ist. Du brauchst nur die Augen zu schließen, deinen Schutzkreis zu ziehen und die Rutschbahn hinunterzusausen. Jetzt bleibst du einfach eine Weile auf diesem Feld. Du kannst allein spielen oder Freunde mitbringen, die mit dir spielen. Erinnere dich an alles und erzähle es mir am Morgen. (Du kannst auch fünf Minuten warten und dann sagen, daß das Feld verschwindet, und die Augen öffnen lassen.)

■   ■   ■

Als mein Sohn Jake erstmals zu dem Feld segelte, benutzte er ein riesengroßes Segelboot mit Küche und Schlafzimmer, das ihn über den See trug. Es hatte sowohl Motoren als auch Segel. Dieses Boot führte ihn zu dem Feld, wo er Tennis spielte. Er besiegte Jimmy Connors und segelte dann nach England, wo er gegen Arthur Ashe in Wimbledon spielte. Die Menge jubelte ihm zu, als er auch dieses Spiel gewann. Dann setzte Jake wieder die Segel und kehrte zu seinem Feld zurück, wo er als Mitglied der keltischen Basketballmannschaft auftrat. Und noch ein Sieg und wieder weiter zum Fenway Park, wo er an den Weltmeisterschaften teilnahm. Ohne Unterbrechung ging es weiter zu den Olympischen Spielen, bei denen er eine Goldmedaille im Zehnkampf gewann. Die Phantasie endete erst, als er einen Rockstar mimte. Er trat allein und mit einer Gruppe auf. Jake reiste mit Chauffeur, der ihn auch vor den jubelnden Fans schützte. Der Chauffeur brachte ihn zum See, wo er das Boot bestieg und mit einem Aufzug zu seinem Schlafzimmerschrank zurückkehrte.

Kindern gefällt diese Übung sehr, sind sie doch noch stark in eine Phantasiewelt verwoben. Solche Reisen machen ihnen Spaß und entspannen sie. Sie unterstützen den kreativen Ausdruck. So helfen wir den Kindern, zu erkennen, daß sie werden können, was sie wollen. Es gibt ihnen die Möglichkeit, sich mit neuen Rollen auseinanderzusetzen. Kinder tun das oft selbst, doch wenn du sie führst, lernen sie, daß du einer solchen Beschäftigung Bedeutung beimißt. Das Sehen mit dem inneren Auge fördert die Konzentration, so daß andere Übungen leichter fallen. Das innere Sehen stimuliert das Vertrauen in den eigenen Körper/Geist, statt immer nach äußeren Stützen zu suchen.

Auf dem Feld können die Kinder ihre ängstlichen, ärgerlichen oder verletzten Gefühle erkunden. Mit einem Bruder oder einer Schwester auf dem Feld zu spielen oder zu arbeiten, kann bei eifersüchtigen oder schmerzhaften Gefühlen helfen. Das Feld ist der Ort, an dem du die inneren Freunde triffst — es entspricht eher der Vorstellung eines Kindes von der Überseele. Auf dem Feld kann das Kind mit verschiedenen Anteilen seiner Persönlichkeit experimentieren. Es kann ein Künstler, ein Clown oder eine Bergsteigerin sein.

TRÄUME

Kinder träumen in ihrer Wachstumsphase, wenn sie selbständig werden wollen, sehr heftig. Sie lösen sich von ihren Ängsten und Nöten im Traum. Sie erproben sich ständig neu, finden einen neuen Ausdruck ihrer selbst und entdecken neue Fähigkeiten und Dimensionen.

Meist erinnern sich Kinder an ihre Träume, und du brauchst sie kaum zum Erzählen zu ermuntern. Mach es zur Gewohnheit, daß ihr euch täglich beim Frühstück eure Träume erzählt. Auch Kinder können ein Traumbuch führen. Ich habe die Träume meiner Kinder abgetippt, so daß jedes Kind eine eigene Traummappe erhielt.

Traumerfahrung durch Phantasie

1. Sich einem furchterregenden Traumcharakter zu stellen, verändert den Traum ins Positive. Zunächst kannst du mit dem Kind über den Traum sprechen. Dann kann das Kind diesen Traumtypus spielen und mit ihm reden. Wenn du es führst, wird es, zumal es wach bleibt, keine Angst haben. Das innere Auge kann als Fotoapparat gesehen werden, mit dem das Kind seine Bilder machen kann. Daher kann es je nach Belieben aufhören oder weitermachen.

Führe das Kind zur Entspannung, so daß es sich wieder wie eine Stoffpuppe fühlt. Es sollte tief atmen und die Luft wieder über die ganze Erde blasen. Zieh einen Schutzkreis um das Kind und laß es dann die große Rutschbahn hinuntersausen. Auf dem Feld angelangt, kann es den Traumcharakter treffen. Laß das Kind während der Anleitung immer wieder erzählen, was es erlebt. Dann führe es zurück und laß es die Augen öffnen.

2. Kinder träumen manchmal, sie würden gejagt, und wachen dann auf, bevor sie gefaßt werden. Sie können lernen, solche

Träume zu beenden. Wenn sie sich dann einfach umdrehen und den Jäger fragen, was er will, wird es aufhören. Sage also so etwas wie: „Laß uns mal sehen, ob du diesen Traum beenden kannst und ob sich etwas Gutes daraus machen läßt. Du siehst jetzt also wieder den Traum mit deinem inneren Auge, und wenn du wieder gejagt wirst, drehst du dich herum und fragst, was der Jäger will. Du weißt ja, daß du selbst die Bilder machst und daß sie dich nicht verletzen können." Leite das Kind an.

3. Das Beenden schöner Träume macht zufrieden. Beispiele zur Vollendung eines Traums sind: ein kaputtes Objekt wieder zu richten; ein Spiel zu gewinnen; herauszufinden, was um die Ecke liegt oder wohin der Zug fährt.

Mach dem Kind Vorschläge, wie es den Traum vollenden kann, beispielsweise: „In der vergangenen Nacht hattest du einen Traum, den du beenden wolltest, aber du mußtest für die Schule aufstehen. Vielleicht können wir ihn jetzt abschließen." Dann führe das Kind wieder in den Traum zurück. Die Anleitungen können auch noch genauer sein, du kannst zum Beispiel sagen: „Du befindest dich jetzt außerhalb des Hauses. Wie sieht das Haus aus? Dann gehst du in das Haus, was siehst du darin? Wer lebt in dem Haus?"

DIE ÜBERSEELE

Viel eher als Erwachsene akzeptieren Kinder den Begriff der Überseele oder der Führung. Es ist beruhigend, daß immer jemand für sie da ist. Sie möchten sich gern älter und bedeutender fühlen, und wenn sie ihre inneren Freunde treffen, erfahren sie genau das. Du kannst ihnen etwa dies sagen: „Immer wenn du aufgeregt bist, weißt du genau, was zu tun ist, vergißt es aber. Wir alle haben eine/n innere/n Freund/in, die/der uns beim Erinnern hilft. Wir können sie/ihn immer besuchen. Wir sehen sie/ihn mit dem inneren Auge.

Dabei flüchtet das Kind nicht aus der Wirklichkeit in eine Traumwelt, sondern lernt, mit dem Leben auf verschiedenen Ebenen umzugehen. Du brauchst dir keine Sorgen zu machen, so lange dein Kind leibhaftige Freundschaften hat, sich glücklich fühlt, ausreichend schläft und ißt sowie in der Schule einigermaßen gut ist. Achten solltest du allerdings auf ein Gleichgewicht zwischen innerem Sein und äußerem Handeln.

Tiefenentspannung, tiefe Atmung, Schutzkreis. Dann siehst du wieder ein Boot und weißt, daß es ein besonderes Boot ist und dich zu einem besonderen Ort führt. Der Ort ist eine Geheiminsel. Es gibt keine Landkarte für die Insel, aber du kennst den Weg bereits auswendig. Auf der Insel lebt eine ganz besondere Person: dein/e Freund/in. Dein/e Geheimfreund/in lebt in dir, und du siehst sie/ihn, wenn du diese Insel besuchst. Diese/r besondere Freund/in ist nur für dich da und kennt dich sehr, sehr gut. Dein/e Freund/in ist immer da, um dir zu helfen und mit dir zu spielen.

Dein Boot segelt dahin, bald bist du auf deiner Insel. Das Boot schlägt an den Strand, du steigst aus und gehst auf die Insel. Du gehst zum Haus deines/r Freundes/in und bleibst so lange, bis du mich hörst, wenn ich dich zurückrufe. *Verweile fünf Minuten.*

Jetzt rufe ich dich. Ich rufe dich zurück. Sage deinem/r Freund/in auf Wiedersehen, fliege zurück in diesen Raum und öffne die Augen.

■ ■ ■

„Fliegender Teppich", „Trauminsel" und „Siebenmeilenstiefel" sind drei weitere Phantasiereisen für Kinder.

Tiefenentspannung, tiefe Atmung, Schutzkreis. Du bist auf deinem Feld; jetzt rennst du über das Feld. Da entdeckst du eine alte Landstraße. Du folgst dieser Straße. Vorn am Straßenrand siehst du ein altes Schloß und im Näherkommen erkennst du, daß die Tür halb offen steht. Du gehst in das Schloß und zur Treppe, gehst die Stufen hinauf in den Turm. Du besteigst den Turm und zählst genau 237 Stufen bis zur Turmspitze. *Verweile eine Minute.*

Du erreichst die Spitze. Eine kleine alte Frau sitzt dort in diesem winzigen Turmzimmer. Sie lächelt dir zu und sagt: „Ich freue mich über deinen Besuch." Sie schenkt dir einen alten staubigen Teppich. Du bist höflich und nimmst ihn, bedankst dich auch dafür. Nun schlägst du den Teppich auseinander und bist vollkommen überrascht. Er ist voller Bilder, die in wunderschönen Farben hineingewebt sind. Du setzt dich auf den Teppich, und die alte Frau erzählt dir, daß dies ein Zauberteppich ist, der fliegen kann. Du brauchst nur zu sagen: „Teppich, Teppich, sei mein Freund, trage mich herum", schon fliegt er los und trägt dich, wo immer du hinwillst. Sprich also die Zauberworte und fliege mit dem Teppich davon. *Verweile fünf Minuten.*

Dann fliegst du zurück in den Raum, wo die Geschichte ihren Anfang nahm. Öffne die Augen und strecke dich.

■ ■ ■

■ ■ ■ ■ ■ ■ ■ ■ *Trauminsel* ■ ■ ■ ■ ■ ■ ■ ■
(nach Gullivers Reisen)

Tiefenentspannung, tiefe Atmung, Schutzkreis. Du besteigst dein Boot, dein Zauberboot. Du segelst weit über den Ozean, ganz weit weg zu entfernten geheimen Inseln. Die Bootsreise macht dir großen Spaß. *Verweile eine Minute.*

Dein Boot landet auf der ersten Insel. Du steigst aus, um die Insel zu erkunden. Du siehst all die Pflanzen, Bäume und Tiere der Insel. Schließlich gelangst du in ein Dorf. Doch halt, schau dir dieses Dorf erst einmal an. Alle Häuser sind so klein, daß du dir wie ein Riese vorkommst. Die kleinen Dorfbewohner rennen herbei, sie wollen dich sehen, diesen Riesen, der ihre Insel besucht. *Verweile drei Minuten.*

Nun verabschiedest du dich von den Dorfbewohnern und gehst zu deinem Boot zurück. Du besteigst dein Boot und segelst davon zu einer anderen Insel. Du landest mit deinem Boot auf einer anderen Insel. Diesmal rennst du durch einen Wald, und was siehst du da? Lauter Riesen. Oh, die sind aber freundlich. Sie begrüßen dich, den kleinen Zwerg auf ihrer Insel. Einer der Riesen nimmt dich in die Hand. Sie tragen dich zum Dorf. Der Besuch bei den Riesen gefällt dir. *Verweile drei Minuten.*

Du verabschiedest dich jetzt von deinen Riesenfreunden und besteigst wieder dein Boot. Du segelst zurück in deinen Raum, an den Anfang unserer Geschichte. Du öffnest die Augen und streckst dich.

■ ■ ■

Tiefenentspannung, tiefes Atmen und Schutzkreis. Dreimal springst du jetzt auf und ab und landest an einer alten Landstraße. Du bummelst diese Landstraße entlang, trödelst herum, läßt dir einfach Zeit und hast nichts Bestimmtes vor. Plötzlich stolperst du über eine riesige Kiste, die halb im hohen Gras verborgen liegt. Du öffnest die Kiste und findest darin eine andere Kiste. Diese Kiste öffnest du genauso, und wieder findest du eine andere. Auch die öffnest du und findest die nächste Kiste. Du öffnest sie, und was findest du? Schon wieder eine neue Kiste. Auch die öffnest du wieder, bis du endlich die letzte Kiste gefunden hast, darin findest du ein paar Schuhe. Sie springen dir beinahe in die Hand. Schnell ziehst du deine alten Schuhe aus und ziehst die neuen Stiefel an. Sie passen hervorragend. Du rennst ein wenig herum, um sie auszuprobieren. Dann springst du. Die Schuhe erscheinen dir toll. Plötzlich kommt eine Bande älterer Jungen um die Ecke gebogen. Einer der Burschen sagt zu dir: ,,He, woher hast du diese Schuhe?" Du drehst dich um, und er folgt dir, alle folgen sie dir. Du fängst an zu rennen, und alle sind dir auf den Fersen. Da hebst du plötzlich ab und fliegst. Du bist so hoch gesprungen, daß du bei deiner Landung die anderen Kinder gar nicht mehr siehst. Und du gehst weiter in deinen Siebenmeilenstiefeln zum nächsten Abenteuer. Laß es dir gut gehen. *Verweile fünf Minuten.*

Nun fliegst du zurück in den Raum, wo die ganze Geschichte begann. Öffne die Augen und strecke dich.

■   ■   ■

HEILEN

Als ich mit meinen Kindern über das Heilen sprach, sagte ich ihnen, daß ihr Körper sehr stark sei. Ich sagte ihnen ungefähr folgendes: ,,Euer Körper weiß genau, wie er sich gesund erhält. Wenn ihr euch in den Finger schneidet, weiß das Blut, wie es die Blutung stoppen kann: Es verdickt sich und gerinnt. Dann macht die Haut eine dünne Hülle darüber, um die Schnittwunde zu schützen, bis die neue Haut nachgewachsen ist. Euer Körper steckt voller Energie. Diese Energie bewegt sich ständig. Ein Teil der Energie wird zu eurem Blut, euren Knochen, euren Muskeln, zu eurer Haut und allem anderen in eurem Körper. Ein anderer Teil der Energie bleibt einfach freie Energie. Diese Energie ist ständig in Bewegung. Wenn ihr glücklich seid, gut eßt und ausreichend schlaft, fließt eine Menge Energie durch euren Körper. Seid ihr unglücklich oder eßt, was nicht gut für euch ist, wird die Energie blockiert. Mit Hilfe des inneren Auges könnt ihr euch gesund erhalten. Mit eurem inneren Auge stellt ihr euch vor, wie die Energie durch euren Körper strömt. Ihr stellt euch vor, daß ihr stark und gesund seid, und dann werdet ihr stark und gesund bleiben." Als erste Heilmeditation übte ich mit ihnen den Regen der Heilsterne. Dazu ließ ich sie ihre Lieblingsfarbe aussuchen, die dann für die Sterne benutzt wurde.

■ ■ ■ ■ ■ ■ ■ ■ ■ *Heilsterne* ■ ■ ■ ■ ■ ■ ■ ■ ■

Lege dich hin und schließe die Augen. Dein Körper wird ganz locker. Du bist vollkommen entspannt. So entspannt, daß du dich nicht mehr bewegst. Du atmest ganz tief und langsam. Du atmest ein, als ob du einen Luftballon aufbläst, und beim Ausatmen fällt der Ballon zusammen.

Dein Körper ist stark. Dein Körper ist so stark, daß er für sich selbst sorgen kann. Dein Geist ist stark. Dein Geist ist so stark, daß er deinen Körper gesund erhält. Um dich her ist gute Energie. Beim Atmen atmest du gute Energie ein, die durch deinen Körper strömt und ihn gesund erhält.

Stell dir nun einen blauen Stern über deinem Kopf vor. Ein großer blauer Stern ist über deinem Kopf. Plötzlich zerstiebt er in Tausende von kleinen blauen Sternen. Ein Sternenregen fällt auf dich nieder. Es regnet lauter kleine glitzernde blaue Sterne. Die kleinen Sterne sind heilende Energie. Wenn du tief einatmest, gelangen die kleinen Sterne in deinen Körper. Beim Ausatmen wandern all die kleinen Sterne durch deinen Körper. All die kleinen blauen Sterne wandern durch deinen Körper. Du fühlst dich warm und kribblig, während die Sterne durch deinen Körper wandern. Die blauen Sterne wandern durch deinen ganzen Körper so wie dein Blut. Sie gehen zu deinen Füßen und Zehen. Sie gehen durch deine Beine und Hüften. Die blauen Sterne füllen deinen Bauch und deine Brust. Du fühlst dich warm und kribblig, während die kleinen Sterne deinen Nacken entlangwandern, deinen Rücken hinauf zu den Schultern, bis zum Hals.

Dann gehen die kleinen blauen Sterne in deinen Kopf. Die kleinen blauen Sterne wandern durch deinen ganzen Körper, die ganze Nacht lang, und wenn du aufwachst, fühlst du dich ganz stark und gut.

■ ■ ■

Damals sprachen wir in meiner Familie viel übers Heilen, übten die Heilmeditationen und versammelten uns dazu einmal pro Woche. Sinn dieses Treffens war, einen Ort zu haben, an dem wir alle über unsere Gefühle reden und uns darüber austauschen konnten. Von Zeit zu Zeit wählten wir ein bestimmtes Gefühl als Thema — wie beispielsweise die Eifersucht. Es gab Zeiten, da waren diese Treffen sehr aufreibend. Es wurde geweint, die Stimmen wurden ärgerlich und laut. Mit der Zeit wurde es leichter, über Gefühle zu reden, die guten wie auch die schlechten Seiten aneinander zu sehen, an uns selbst, an den Freund/inn/en, Schulkamerad/inn/en etc. Die Kinder merkten, daß es nicht immer leicht ist, über Gefühle zu reden, doch daß es trotzdem wertvoll sein kann. Dabei redeten wir auch darüber, weshalb Menschen krank werden: Wie Worte im Hals steckenbleiben, weil wir uns nicht zu reden trauen und dann lieber Halsschmerzen entwickeln. Sie erkannten, daß Bauchweh ihnen manchmal ein Zuhausebleiben ermöglichte, wenn sie keine rechte Lust auf die Schule hatten. Wir entschieden dann, daß die Kinder ein Recht hatten, nicht in die Schule zu gehen, und daß sie dazu nicht erst krank werden mußten. Wir entwarfen ein Bonussystem: hin und wieder durften sie der Schule fernbleiben, um zu spielen und sich zu erholen. Dieses System funktioniert seit mehreren Jahren.

Wenn sie dann doch hin und wieder krank wurden, schlossen wir uns zu einem Energiekreis zusammen und legten ihnen die Hände auf. Die Kinder akzeptierten das Nehmen wie auch das Geben der Energie und hatten keine Probleme bei der Vorstellung der Bilder. Marc stellte sich kleine Menschen in seinem Körper vor, die Luken öffneten, damit die Krankheit entweichen konnte. Als Mike vom Fahrrad fiel und sich schnitt, stellte sich Marc diese kleinen Menschen vor, die zu dem Schnitt eilten, um ihn zu heilen. Sie verklebten die Schnittflächen und setzten die Haut wieder zusammen. Als Jake Halsweh hatte, stellte Mike sich kleine Pfeile vor, die seinen Arm herunterrannten, aus seiner Hand herauskamen und von dort in Jakes Hals gingen. Als Marc Fieber hatte, stellte sich Mike kleine Eiswürfel vor, die ihn kühlten, so daß die Temperatur herunterginge. Spürten die Kinder einen Anflug von Halsweh, Schnupfen oder Erkältung, so stellten sie sich beim Schlafengehen die blauen Sterne vor und sagten: „Beim Aufwachen werde ich gesund sein." Ich ging in ihr Zimmer und flüsterte ihnen, sobald sie eingeschlafen waren, dasselbe ins Ohr.

Als sie noch kleiner waren, benutzen wir den Heilstein zum Heilen. Das war ein kleiner schwarzer Stein, den ich einmal gefunden hatte. Hatte ein Kind Schmerzen, legte es sich den Heilstein auf die schmerzende Stelle und stellte sich vor, wie der Schmerz durch den Stein entwich. Dann wurde der Stein gewaschen, getrocknet und für das nächste Mal beiseitegelegt. Manchmal fällt das Visualisieren leichter, wenn man einen konkreten Gegenstand hat. Probier es einfach selbst aus. Es klappt!

ENERGIEPROJEKTION

Für Jake, Marc und Mike ist Magie die Nutzung des Geistes, um die Dinge geschehen zu lassen, die man geschehen lassen möchte. Es hat nichts mit dem berühmten Kaninchen aus dem Zylinder zu tun. Das ist ein Trick, und den Unterschied kennen sie genau.

Energieprojektionen brachte ich meinen Kindern bei, indem ich ihnen erzählte, daß ihr Geist stärker werden könnte. Laufen, Spielen und gutes Essen machten den Körper stark, Konzentration stärkte den Geist. Beim Konzentrieren denkst du nur an das, was du erreichen möchtest, und an sonst nichts.

Als wir zum Bowling gingen, stellten wir uns jedesmal gute Würfe vor. Natürlich haben wir nicht die ganze Zeit getroffen, aber wir verbesserten unsere Konzentrationsfähigkeit. Wir konzentrierten uns füreinander. Das half, negative Aspekte des Wettbewerbs auszugleichen. Wir konzentrierten uns nur auf die Verbesserung unserer Würfe, wir konzentrierten uns nicht auf das Verlieren der anderen.

Konzentration ist Zeitersparnis. Wenn du bei Hausarbeiten nur an deine Hausarbeiten denkst, kannst du viel schneller fertig werden, als wenn du dich irgendwelchen anderen Träumereien hingibst.

Sie konzentrierten ihre Energie, wenn sie mit ihrem Geist sprachen. Als Marc in Mathematik Schwierigkeiten hatte, atmete er dreimal tief durch und sagte sich: „Mathe fällt mir leicht. Ich verstehe die Mathematik." Dann hörte er sich die Erklärungen genau an und beendete seine Aufgaben. Gib deinem Kind genügend Zeit für die Erledigung der Hausaufgaben und laß es ruhig auch einmal über die Schwierigkeiten jammern. Sobald es sich genug beklagt hat (unterbrich es nicht dabei, es ist gut zum Loslassen), kann es mit der Aufgabe beginnen. Sagst du deinem Geist, wie er etwas erreichen kann, wird er dir genauer folgen und helfen.

Affirmationen lassen sich gut vor dem Schlafengehen unterbringen. Hat Jake sich für eine Arbeit vorbereitet, befürchtet aber, daß er etwas vergessen könnte, sagt er sich beim Einschlafen: „Ich weiß all die Antworten für die Prüfung." Sobald er eingeschlafen ist, flüstere ich ihm dasselbe ins Ohr. Als die Kinder erstmals in eine neue Schule gingen, hatten sie Angst vor dem Wechsel. Ich sprach mit ihnen darüber, und sobald sie eingeschlafen waren, ging ich in ihr Zimmer und flüsterte ihnen ins Ohr: „Die Schule fällt mir leicht. Ich gehe gern in die Schule. Ich habe viele neue Freunde." Die Kinder wußten vorher schon, was ich ihnen ins Ohr flüstern würde. Manchmal baten sie mich, ihnen etwas Bestimmtes ins Ohr zu flüstern. Diese geflüsterten Affirmationen haben sich stets als besonders erfolgreich erwiesen. Als Mike sechs Jahre alt war, machte er noch immer ins Bett. Jede Nacht vor dem Einschlafen sagte er sich: „Heute nacht bleibe ich trocken." Sobald er eingeschlafen war, flüsterte ich ihm das gleiche ins Ohr. Nach zwei Wochen hörte das Bettnässen auf.

RITUALE

Wir hatten Energiekreise mit den Kindern gebildet, sie wußten ungefähr, was bei unseren Ritualen passierte — aber wir hatten noch keines zusammen gemacht. Eines Nachts im Winter gingen während eines Schneesturms die Lichter aus. Die Kinder waren sehr aufgeregt. Sie waren zum erstenmal ohne Elektrizität. Wir zündeten Kerzen an, und Marc sagte: „Laßt uns ein Ritual machen, damit die Lichter wieder angehen." Wir stimmten zu, und Jake und Marc planten das Ritual. Marc brachte sein Muschelhalsband und Jake seinen Entenkerzenhalter. Wir fügten eine Statue der Göttin hinzu, etwas Weihrauch und ein Gefäß mit Salzwasser. Sie wollten Essen miteinander teilen und brachten

Orangensaft, Wein, Brot und Reiscracker. Brot und Reisplätzchen wurden in kleine Stücke gebrochen und in besondere Gefäße gelegt. Jake brachte noch ein paar Muscheln, aus denen er ein Pentagramm formte. In die Mitte des Pentagramms auf dem Fußboden stellte er zwei Kerzen, legte die Halskette dazu, die Statue stand auf einem Seestern. Auch Salzwasser und Weihrauch wurden in das Pentagramm hineingegeben. Marc drückte uns allen eine Muschel in die Hand.

Die Kerzen und der Weihrauch wurden entzündet. Wir faßten uns an den Händen, in denen wir auch die Muscheln hielten, so daß wir nun in jeder Hand eine Muschel hatten. Wir fingen an zu summen, zunächst ganz leise und weich, dann immer lauter. Händedruck bedeutete aufhören und anfangen. Dann sprachen wir über die Dinge auf dem Altar. Die Ente, ein Sumpftier, war lange das Symbol der Göttin. Auch die Muscheln waren Symbole der Göttin, viele alte Völker trugen sie zum Schutz.

Ich schlug vor, den Namen einer jeden Person zu singen und im Kreis zu gehen. Zunächst klang das sehr eitel, doch dann tat es richtig gut, den eigenen Namen immer wieder zu hören. Dann teilten wir das Essen, indem wir die Schalen weiterreichten und schließlich fütterten wir einander. Die Kinder lachten bei dem Gedanken, daß sie und ihre Eltern Geschwister im Kreis seien. Sie fanden die Idee, etwas Neues und gleichzeitig doch so Altes zu schaffen, sehr aufregend. Zu diesem Zeitpunkt froren wir längst nicht mehr, obwohl ja auch die Heizung ausgefallen war. Wir faßten uns wieder bei den Händen und konzentrierten uns darauf, daß das Licht anginge. Aber irgendwie schien das nicht mehr wichtig. Das Ritual war jetzt wichtig. Wir summten wieder und vereinten unsere Energien. Dann öffneten wir den Kreis und liefen hinaus, um im Schnee zu tollen.

Mit neun Jahren nahm Marc an seinem ersten Bootsrennen teil. Er hatte einige Bedenken, auch wenn er nicht darüber sprach. Wir entschlossen uns, vier Abende lang einen Energiekreis zu bilden und uns auf Marcs Sieg zu konzentrieren.

Mit Seemuscheln zogen wir einen einfachen Kreis, in die Mitte stellten wir zwei grüne Altarkerzen, eine orangene für Marc, die Figur einer Göttin, Salzwasser, Weihrauch und einen kleinen roten Stein, den Marc als Glücksstein tragen wollte.

Als die Kerzen und der Weihrauch entzündet waren, machte ich das Zeichen des Pentagramms über unseren Köpfen und erklärte, daß dies die Person im Schutzkreis bezeichne. Ich wies auf die vier Himmelsrichtungen und die entsprechenden Elemente auf dem Altar (Luft, Wasser, Feuer und Erde) und erläuterte, daß der Altar die tiefsten Gründe unseres Geistes darstelle.

Dann faßten wir uns alle bei den Händen und stellten uns Marcs Sieg vor. Ich leitete die Visualisierung und beschrieb den See, das Wasser, den Wind. Dann stellten wir uns Marc vor: Er überprüft noch einmal alles, und nun beginnt das Rennen. Beim Schuß startet Marc schon als erster. Bei der Wende ist er immer noch vorn und schließlich gewinnt er. Schaut, wie glücklich er aussieht und alle ihm zujubeln.

In der zweiten Nacht gestalteten wir den Kreis wieder. Ich sprach über Furcht, die uns manchmal an der Konzentration hindert. Ich schlug vor, unsere Ängste aufzuschreiben und laut vorzulesen. Dann würden wir das Papier verbrennen und sagen: „Während dieses Papier zerstört wird, wird meine Furcht mit zerstört.“ Alle würden hinzufügen: „So sei es.“

Ich las als erste vor: „Ich fürchte, daß Marc nervös wird und keinen Spaß mehr daran hat.“ Marc sagte: „Ja, das stimmt, ich könnte tatsächlich nervös werden.“ Mike las vor: „Ich habe Angst um das Boot.“ Marc hörte aufmerksam zu und gab zu allem seinen Kommentar. Anne las: „Ich habe Angst, daß Marc verletzt wird.“ Zum Schluß las Marc vor: „Ich habe Angst, daß das Boot kentert.“

Danach reichten wir uns die Hände und stellten uns wieder das Rennen vor. An den beiden folgenden Abenden bildeten wir unseren Kreis noch einmal und verbrannten die Papiere, unsere Ängste. Wir erkannten, daß wir Marc nicht so sehr den Sieg wünschten, sondern daß er Spaß haben möge. Wichtig war auch, daß wir unsere Ängste ausdrücken lernten.

KAPITEL ZEHN

HEXENKUNST

Auf der Suche nach positiven Bildern weiblichen Bewußtseins graben Feministinnen tief in der Geschichte nach unseren Wurzeln. Diese Ausgrabungen führen uns in matriarchale Zeiten — in Zeiten, da unsere Urmütter großen Einfluß aufeinander und auf die Gesellschaft ausübten. Zu jenen Zeiten dominierten weibliche Werte. Die alten Frauen befanden sich in Harmonie mit ihrer inneren zyklischen Natur. Es waren Zeiten, in denen Frauenträume und Intuition große Wertschätzung genossen.

Eine der ältesten Religionen des Menschengeschlechts ist Wicca, die weise Kunst. Die Weisen — oder Hexen, als die sie besser bekannt sind — verehren die schöpferische Kraft der Frau in der Großen Mutter. Die Große Mutter, die verehrte Schöpferin des Lebens war Tausende von Jahren die herrschende Figur. Auf der ganzen Welt wurde die Große Mutter unter den verschiedensten Namen verehrt: Nut, Isis, Ishtar, Inanna, Diana, Hekate, Artemis, Selene, Demeter, Astarte, Hathor, Aphrodite, Kali, Bellona, Harmonia, Shin Moo, Rhea, Luna, Kybele, Trivia, Cerridwen.

Sekundär war die männliche Kraft. Sie kam erst später als Sohn/Liebhaber auf den Plan. Er war ihr Gefährte, sie die unsterbliche Mutter eines sterblichen Sohns. Der gehörnte Gott erschien später als die Personifizierung der Natur, doch war das weibliche Prinzip die Mondgöttin, Königin des Himmels. In alten babylonischen und sumerischen Schöpfungsmythen wurden Mann und Frau zusammen als Paar von der Göttin erschaffen. Weibliche und männliche Werte waren damals noch keine Polaritäten. Das Männliche war Teil des Weiblichen. Das Weibliche und das Männliche verdoppelten ihre Kraft, wenn sie sich gemeinsam manifestierten.

Das Gotteskonzept der Hexen ist die Lebenskraft des Universums. Feministische Hexen beten diese Lebenskraft als dreieinige Göttin an — Artemis, Selene und Hekate —, das Mädchen, die Mutter, die Alte. Die dreifaltige Göttin wird auch mit den drei Mondphasen in Verbindung gebracht: Artemis — aufgehender Mond; Selene — Vollmond; Hekate — abnehmender Mond. Jede Phase repräsentiert eine andere Manifestation der Lebensenergie, so daß der schaffende, der erhaltende und der zerstörende Aspekt enthalten sind.

Das weibliche Prinzip ist transformierend: Sie erschafft und zerstört zugleich. Haß auf das weibliche Prinzip entstammt einer Todesfurcht. Sobald wir erkennen, daß der Tod Transformation bedeutet und nicht das Ende, werden wir keine Angst mehr haben. Hexen sehen den Tod weder als Ende, noch glauben sie an einen Himmel oder eine Hölle im christlichen Sinne. Wie viele andere alte Religionen vertreten sie den Prozeß der Wiedergeburt.

Hexen glauben an Magie. Magie heißt zu wissen, daß die Welt aus mehr als der physischen Realität besteht. Magie arbeitet nicht gegen die Natur, sondern ist vielmehr ein tiefes Verstehen der höchsten Ratschlüsse der Natur und eine Bewegung in Einklang mit der Natur. Wesen der Magie ist nicht die Prophezeiung, die Kommunikation mit Geistern oder die Nutzung des Willens für bestimmte Zwecke. Das sind nur die Mittel. Eine Hexe entwickelt ihre magischen Kräfte, um sich zu entfalten. Magie verlangt, daß wir uns zuerst selbst ändern und damit die Welt.

Hexen, die wissen, daß die Welt aus mehr als der physischen Wirklichkeit besteht, erkennen auch, daß die Menschen über mehr als ihre fünf Sinne verfügen. Der sechste Sinn, der physische, schlummert in uns allen und ermöglicht uns den Kontakt mit der jenseitigen Welt.

Die Kunst der Weisen zu lernen heißt, die Kräfte des tiefen Geistes zu entfalten. Mit der Entwicklung dieser Kräfte erlangen wir Zugang zu spiritueller und psychischer Information und Energie. Psychische Sensibilität allein wird jedoch nicht ausreichen, Geisteskräfte zu entwickeln. Selbstdisziplin und Charakterstärke müssen mit psychischem Bewußtsein verbunden werden.

Hexenkunst ist mehr als Religion und Magie. Es ist eine Philosophie, ein Lebensstil. In der Hexenkunst finden wir eine wunderschöne Synthese weiblicher und männlicher Energien. Sie vereint Gedanken, Gefühle und Intuition und stellt die wichtige Verbindung zwischen der materiellen und nicht-materiellen Welt her.

Jeden Vollmond feiern die Hexen als Zeit großer psychischer Energie. Diese Feiern werden „Esbats" genannt. „Silbermagie" ist eine Phantasiereise für ein Vollmondritual oder Esbat. Es enthält verschiedene Ritualelemente:

1. Den Kreis ziehen: Rituale werden oft im Kreis ausgeführt. Er symbolisiert den Uterus, die schöpferische Kraft. Viele Elemente der Natur kehren im Kreis wieder: der Zyklus der Jahres-

zeiten, die Form der Erde, der Sonne, des Monds, die Planeten-
bahnen. Der Kreis ist ein heiliger und von der physischen Welt
getrennter Ort. Nach der alten Wicca-Tradition sollte der Kreis
neun Fuß im Durchmesser haben. Wenn ich meine Kreise ziehe,
geht es mir mehr um den besonderen Raum und nicht um die
genauen Maße. Der Kreis kann mit Kreide aufgemalt oder durch
Steine oder andere Gegenstände markiert werden. Du kannst
Wasser spritzen oder Salz streuen. Du kannst den Kreis mit
Weihrauch abgehen oder irgendeine Kombination aus all diesem
wählen.

2. **Anrufung der vier Himmelsrichtungen:** Jeder Punkt des
Kompasses zeigt auf eine bestimmte Energie oder Kraft. Der
Norden ist das magnetische Zentrum des Universums. Alle
schöpferischen Tätigkeiten sollten im Nordlicht und nach Norden gewandt ausgeführt werden. (Beispielsweise zeigt mein
Schreibtisch nach Norden.) Der Osten ist Symbol allen Lebens,
jeglichen Beginns. Der Süden repräsentiert Feuer und Leidenschaft, die lebensspendende Kraft der Sonne. Der Westen symbolisiert die Wasser der Erneuerung. Die Sonne geht scheinbar
im Westen unter, und jeder neue Tag entsteigt dem Osten.

3. **Einladung der Göttin:** Du öffnest dich der Göttin, der
schöpferischen Kraft des Universums.

4. **Öffnen des Kreises:** Nach Beendigung des Rituals bedanke
dich bei der Göttin und den Kräften der vier Richtungen. Dann
kann der Kreis geöffnet werden.

■ ■ ■ ■ ■ ■ ■ ■ *Silbermagie* ■ ■ ■ ■ ■ ■ ■ ■

Entspanne, versenke und schütze dich. Laß dich zu einer einsamen Bucht treiben. An diesem ruhigen Strand sitzt du und beobachtest den Mond, die Strahlen auf dem Wasser. Die Mondstrahlen tanzen auf dem Wasser und tragen dich immer tiefer.
Du beginnst ganz langsam zu gehen. Du gehst am Strand entlang, vom Mond geführt. Unwiderstehlich fühlst du den Sog, der
von der Frau der silbernen Magie ausgeht.

Diese Zauberkraft zeigt dir, daß du in ihrer Gegenwart bist.
Flüstere ihr etwas zu, dieser Frau der silbernen Magie. Als ihre
treue Tochter entdeckst du Freude, Heiterkeit und Frieden in
ihrer Gegenwart.

Du spürst, wie diese Kraft in dir aufsteigt, du gehst schneller und wirst wie die Gezeiten gezogen. Du wirst zurück in die Zeiten der großen Matriarchate gezogen, in vergangene Zeiten, in ein Zeitalter, da Vergangenheit, Gegenwart und Zukunft eins sind.

Vor dir befindet sich ein kleiner Hain. Du betrittst jetzt diesen Hain und erinnerst dich, daß du einst eine der Weisen warst. Diese Zeit ist jetzt. Die Bäume scheinen auseinanderzugehen, und auf der Lichtung siehst du den Ort, an dem deine Schwestern sich allmonatlich treffen: „In der Fülle des Mondbrunnens."

Schweigend sammelt ihr gemeinsam Steine und legt sie zu einem Kreis. Im Norden errichtet ihr einen kleinen Altar.

Ihr zieht den Kreis von Ost nach Nord, und ebenso treten die Frauen einzeln in den Kreis.

Das Feuer ist entfacht, und vor dem Altar stehend sprichst du: „Du liebe Frau der Silbermagie, ich errichte diesen Kreis an diesem heiligen und abgeschiedenen Ort dir zu Ehren."

Du nimmst eine Fackel, erhellst den Osten und sagst: „Du schöne Frau der Winde, die Himmel gehören dir. Möge ich so frei werden wie du."

Du nimmst die Fackel, erhellst den Süden und sagst: „O, Göttin der Wärme und des Feuers, die Jahreszeiten gehören dir. Möge jeder Frühling den Reichtum der natürlichen Welt hervorbringen."

Du nimmst die Fackel, erhellst den Westen und sagst: „O, du Schöne, die glitzernden Wasser sind dein. Mögen Flüsse und Ströme auf immer rein und sauber fließen."

Du nimmst die Fackel, erhellst den Norden und sagst: „O, fruchtbare und reiche Göttin der Erde, alte Mutter der Nahrung, du gebärst alles Lebende, die Erde ist dein. Möge sie fruchtbar und reich erhalten bleiben, frei von Abfall und Dreck."

Dann wendest du dich wieder dem Altar zu und sagst: „Wunderschöne Urahnin, segne deine Töchter mit deiner Anwesenheit. Erfülle uns mit Licht und Liebe." Alle Versammelten meditieren nun über ihre Gegenwart. *Drei Minuten Pause.*

Schau nach Norden, lösche langsam die Fackel, danke der Göttin für ihre Anwesenheit.

Schau nach Westen, lösche langsam die Fackel, danke der Göttin für ihre Anwesenheit.

Schau nach Süden, lösche langsam die Fackel, danke der Göttin für ihre Anwesenheit.

Schau nach Osten, lösche langsam die Fackel, danke der Göttin für ihre Anwesenheit.

Schau ein letztes Mal zum Altar und danke der Göttin, daß sie dich mit ihrer Anwesenheit stärkte, und lösche langsam das Feuer.

Verabschiede dich von deinen Schwestern, verlasse still den Hain und kehre zum Strand zurück. Du gehst am Strand entlang und kehrst zu deinem Alltagsbewußtsein zurück. Du kehrst entspannt, erquickt und voller Energie zurück. Laß dir Zeit, öffne langsam deine Augen und strecke dich.

■　■　■

„Erde, Wasser, Feuer und Luft" ist eine Phantasiereise, bei der du in die großen Ebenen reist, um die Winde anzurufen, die Nässe des Regens zu spüren, den Reichtum des Bodens unter deinen Füßen und die Wärme der Sonne. Einigen von uns ist durch jahrelanges Stadtleben das tiefe Gefühl einer Verbindung zur Natur abhanden gekommen. Wenn wir auch nicht immer aufs Land gehen können, so können wir doch diese besonderen Gefühle in uns hervorrufen und unsere Verbindung zum Universum neu beleben. Die alten Völker lebten in Harmonie mit der Erde und erfuhren ihre Zyklen und Jahreszeiten unmittelbar. Sie lauschten dem Wind, und er sprach zu ihnen, sie wurden durch Regen gereinigt und von der Energie der Sonne geheilt.

Für die Indianer der Prärie sind die vier Richtungen des Himmels Kraftpunkte. Jede Kraft hat ihre Farbe und ihr Tier. Die Kraft des Nordens liegt in der Weisheit, wird durch die Farbe weiß ausgedrückt und durch den Büffel symbolisiert. Im Süden liegen Unschuld und Vertrauen. Symbol ist die Maus. Die Farbe ist grün. Der Osten trägt die Kraft der Erleuchtung, die durch den Adler repräsentiert wird, und die Farbe gelb. Die Kraft des Westens liegt in der Innenschau, symbolisiert die Farbe schwarz und den Bären. Wir alle treten mit einer dieser Eigenschaften der Macht in die Welt. Wir können Dinge von ganz nah sehen, so wie die Maus, oder über die Weitsicht des Adlers verfügen. Wir haben die Weisheit des Büffels, doch mangelt es uns an Gefühl und Wärme. Wenn wir alles nur von einem Standpunkt aus betrachten, sind wir nicht vollständig. Wir müssen lernen, im Kreis zu gehen — oder das Medizinrad abschreiten, wie die Indianer/innen sagen — und die Welt unter verschiedenen Aspekten zu betrachten. Insgesamt gibt es sieben Kräfte: die fünfte ist die Erde, der Himmel die sechste, und die siebte Kraft ist universelle Harmonie. Natürlich sind alle Kräfte des Universums in Wahrheit eine Kraft: Frieden und Harmonie, die aus der Selbsterkenntnis entspringen, der Beziehung zu anderen und zum Universum.

In der Wicca-Tradition werden jeder Richtung oder jeder Macht verschiedene Göttinnen zugeordnet, die wiederum verschiedene Eigenschaften besitzen. In den Ritualen finden sich stets die vier Elemente: Kerzen stehen für Feuer, Weihrauch für Luft, Salz für die Erde, und Wasser repräsentiert sich selbst. Manchmal wird auch Salzwasser benutzt, das Wasser und Erde vereint.

Obgleich die meisten religiösen Traditionen die schöpferische Kraft personalisieren, sei es als Mann oder als Frau, kann diese Kraft auch an sich gespürt werden — ohne Geschlechtszuordnung. Diese Energie ist ein Teil von uns und nicht getrennt oder außerhalb von uns. Wir alle erfahren diese Energie individuell: Die Bedeutung liegt in der Anerkennung der Lebenskraft und nicht in der Personifizierung.

■ ■ ■ ■ ■ ■ *Erde, Wasser, Feuer und Luft* ■ ■ ■ ■ ■

Entspanne, versenke und schütze dich. Konzentriere dich nun auf meine Worte und laß dich von ihnen zurücktragen, zurück in Zeit und Raum, da du noch eins warst mit den Zyklen und Rhythmen der Natur. Du kehrst zurück an den Ort des Verstehens und intuitiver Weisheit. Die weibliche Weisheit von Wachstum und Wandel, die Weisheit der Natur, die Naturgesetze, die Weisheit der Gezeiten, die Weisheit von Ebbe und Flut, die Spontaneität der Jahreszeiten, die Harmonie und die Richtung.

Du findest dich jetzt in der großen Ebene wieder, in der Prärie, deine Füße graben sich in die fruchtbare schwarze Erde, sie versinken fast in dieser reichen Erde. Erde, Mutter aller. Leg dich hin und umarme die Erde, die Ahnmutter des Nährens, die alles Leben gebiert.

Steh nun auf und bewahre dir diese Verbindung, wende dich nach Osten, rufe die Winde und sprich: ,,Heil euch, Mächte des Ostens. Richtung des Anfangs. Ea, Astarte, Aurora.''* Der Ost-

* Die Anrufungen der Himmelsrichtungen stammen von Z. Budapest: *Feminist Book of Lights and Shadows,* Luna Publications, Oradell, New Jersey 1976.

wind erhebt sich zur Antwort. Dann wieder Stille.

Wende dich nach Süden, rufe die Winde und sprich: „Heil euch, Mächte des Südens. Richtung des großen Feuers und der Leidenschaft. Esmeralda, Heartha und Vesta." Der Südwind erhebt sich zur Antwort. Dann wieder Stille.

Wende dich nach Westen, rufe die Winde, sprich: „Heil euch, Kräfte des Westens. Richtung der Wasser. Aphrodite, Themis und Tiamat." Der Westwind erhebt sich zur Antwort. Dann wieder Stille.

Wende dich nach Norden und rufe die Winde, sage dies: „Heil euch, Kräfte des Nordens. Richtung aller Macht. Demeter, Persephone und Ceres." Der Nordwind erhebt sich zur Antwort. Dann wieder Stille.

In der Ferne des Horizonts siehst du schwarze Wolken. Der Himmel verdunkelt sich. Die Wolken bewegen sich schnell. Plötzlich setzt Regen ein, zunächst einzelne Tropfen, dann immer heftiger. Der Regen strömt auf dich herab, und du brüllst und weinst zu den Winden und in den Regen. Plötzlich hört der Regen auf. Dein Körper ist gereinigt und erneuert.

Der Himmel ist klar, und die Sonne scheint auf dich herab. Laß die heilenden Strahlen der Sonne wirken. Spüre die Wärme der Sonnenstrahlen.

Du bleibst in einer ruhigen Meditationshaltung, hast mit der Natur kommuniziert, spürst die Wärme der Sonne, das reinigende Wasser des Regens, den klärenden Atem der Winde und die Kühle der Erde unter deinen Füßen. Du bist dankbar.

Du fühlst und spürst diese Verbindung immer wieder und wirst sie in deinen Ritualen wiederherstellen. In deinen Ritualen nutzt du die Elemente Luft, Wasser, Feuer und Erde. Diese Elemente wurden in Ritualen benutzt, seit es Frauen gibt.

Du verläßt jetzt das weite Land. Du reist zurück in dein Alltagsbewußtsein. Langsam öffnest du die Augen und streckst dich.

■ ■ ■

Der Hexenkalender unterteilt sich in acht Sabbate oder Ritualfeiern. Es gibt vier große Sabbate und vier kleinere. Die Sabbate sind Zeiten des Feierns und der Freude. Jedes Ritual verehrt eine bestimmte Göttin.

Die vier größeren Sabbate sind: Lichtmeß (Fest der Flamme, des Lichts) am 2. Februar, die Feier des zunehmenden Lichts, der Göttin Bridget geweiht, die Zeit der Initiation neuer Hexen. Walpurgisnacht am 30. April, Vorabend des 1. Mai, Feier der jungfräulichen Göttin Flora. Lammas am 1. August feiert die Göttin der Fülle, Habondia, bei den Indianer/inne/n die Maismutter, Kore und Ceres. Schließlich Allerheiligen/Allerseelen am 31. Oktober bzw. 1. November, die Feier des neuen Jahres, Hekate geweiht, der Göttin als Zerstörerin.

Die vier kleineren Sabbate sind: Jule oder Wintersonnenwende um den 21. Dezember, die Geburt der Sonnengöttin, Lucia, die Frühjahrstag-und-nachtgleiche um den 21. März, die Feier der Wiederkehr Persephones und die Vereinigung mit ihrer Mutter Demeter; Mittsommernacht oder Sommersonnenwende um den 21. Juni, die Feier der Feuerkönigin der Liebe, Heartha, Vesta, Rhea und Artemis; Samhain oder Herbsttag-und-nachtgleiche um den 21. September, Erntedank der Hexen.

Die nächste Übung „Wintersonnenwende" ist wieder eine Phantasiereise. Dieser Sabbat heißt auch Jule, abgeleitet von dem norwegischen Wort „Iul", das Rad bedeutet. Das Rad ist das Große Weltenrad des Tierkreises, das sich mit den Jahreszeiten dreht. Jule ist die längste Nacht des Jahres. Von da an werden die Nächte wieder kürzer und die Tage länger, das Rad wendet sich zum Frühling hin. Wir entzünden unsere Kerzen, um die Energie zu symbolisieren, die für das Drehen des Rades benötigt wird, damit die Tage wieder länger werden. Die Wiedergeburt der Sonne schenkt Wärme und Licht und ist stets ein Grund zum Feiern.

Ich habe diese Phantasiereise in meinem Mondzirkel zur Wintersonnenwende benutzt. Nachdem wir den Kreis gezogen und die Ecken angerufen hatten, bildeten wir ein Rad mit unseren Köpfen im Zentrum. Dann gingen wir in Trance, reisten tief nach innen und entdeckten ein Geschenk. Bei der Rückkehr in unser Alltagsbewußtsein tauschten wir uns über unsere Geschenke aus und fuhren mit der Ritualfeier fort.

■ ■ ■ ■ ■ ■ ■ *Wintersonnenwende* ■ ■ ■ ■ ■ ■ ■

Entspanne, versenke und schütze dich. Heute ist die Nacht der Wintersonnenwende, die längste Nacht des Jahres. In dieser Nacht bist du allein, gehst durch den Wald. Die Luft ist kühl und klar. Leichter Schnee wirbelt zu Boden. Du machst einen

Winterspaziergang. Dein Weg wird vom Mond erleuchtet, die Silberstrahlen leuchten beinahe taghell. Dennoch ist Nacht. Stille. Freudige Erwartung liegt in der Luft.

Du gehst weiter durch den Wald und kommst auf eine Lichtung. Inmitten der Lichtung findest du eine kleine Hütte. Jemand winkt dich herein, doch niemand ist da. Du siehst jedenfalls niemand. Dennoch fühlst du stark die Gegenwart einer anderen Person. Du entzündest ein Feuer, um dich zu wärmen, und bald füllen Wärme und Licht des Feuers die kleine Hütte. Du beobachtest das Tanzen der Flammen und den warmen, dichten Rauch, der sich in die Luft erhebt. Du wirst schläfrig, ganz schläfrig, und fällst gleich in einen tiefen, tranceähnlichen Schlaf.

Überall Schwärze, allüberall. Dunkelheit, völlige Dunkelheit. Es wird immer kälter. Die Kälte scheint dich aber nicht zu beeinflussen, während du immer tiefer in die Erde hineingehst, tief ins Zentrum der Erde. In dieser Nacht, dieser langen und dunklen Nacht, gehst du durch einen Tunnel, einen langen und engen Tunnel. Es ist so dunkel, daß du nichts erkennen kannst, du kannst nicht erkennen, wo du bist; du weißt nur, daß du in eine tiefe Schlucht fällst, immer weiter hinunter.

Aus diesem tintendunklen Schwarz taucht plötzlich ein kleiner Lichtstrahl auf, zunächst ganz zart flackernd, fast ersterbend. Du wedelst dir mit deinen Händen das Licht zu. Du atmest es ein, dein Atem bewegt die Flammen, und sie beginnen zu wachsen, werden größer, strahlender, und bald ist der ganze Raum um dich her mit Licht erfüllt. Leuchtendes, strahlendes Licht erfüllt den Raum. Im Glanz des Lichts siehst du ein Geschenk. Ein wunderschönes Geschenk, das du geschaffen hast. Du hast es in die Existenz geatmet. *Verweile zwei Minuten.*

Dann erhebst du dich, wirst getragen, trägst dein Geschenk, gehst zurück durch den Tunnel, zurück zur Hütte. Du weißt jetzt, daß die längste Nacht vorüber ist. Du hast das Licht brennen lassen, wie es vor Urzeiten Mutter Lucia tat. Du kehrst in den Raum zurück, mitsamt deinem Geschenk, um es mit anderen zu teilen. Du kehrst sanft und leicht zurück. Wenn du bereit bist, öffnest du die Augen und streckst dich.

■   ■   ■

Bei den nächsten drei Übungen werden Mondsymbole benutzt. Primitive Völker verbanden die Natur der Frau stets mit der des

Mondes. Beide haben monatliche Zyklen von fast der gleichen Länge. Die Worte für Menstruation und Mond ähneln sich in vielen Sprachen. (Mens heißt Mond und Monat; in Deutschland wird die Periode mancherorts „Mond" genannt; in Frankreich ist es der Zeitpunkt des Mondes.) Der Mond, auch „Herr der Frauen" genannt, schützt und hütet die Aktivitäten der Frauen. Bei den alten Völkern glaubte man, daß Frauen unter dem Schutz des Mondes Dinge wachsen ließen. Daher oblagen Pflanzen, Hegen und Ernten den Frauen. „Die Verehrung des Mondes ist die Verehrung schöpferischer und fruchtbarer Kräfte der Natur sowie der Weisheit, die dem Instinkt innewohnt und zur Einheit mit den Naturgesetzen führt." (Esther Harding, Women's Mysteries, New York, Bantam Books, 1973.)

Die Namen der Mondgöttin sind Legion, doch zeigen uns ihre Eigenschaften und Charakterisierungen, daß sie alle gleich sind. Alle Mondgöttinnen sind Mütter des Lebens. Sie verleihen Fruchtbarkeit, wie sie auch Leben zerstören. Jede ist Jungfrau, in sich bedeutend und fähig. Kein Gott ist ihr als Mann zur Seite gestellt, der ihr Verhalten kontrolliert. Jede Göttin gebiert durch unbefleckte Empfängnis einen Sohn. Dieser wird als Erwachsener ihr Liebhaber und Gefährte. Der Sohn stirbt dann und erhebt sich wieder. Oft wird er als ihr Sohn wiedergeboren, und der Zyklus beginnt von neuem.

Die Mondgöttinnen verfügen über Kräfte, die relativ sind, nicht absolut. Manchmal sind sie gut, manchmal böse. Sie schikken Regen, der Wachstum fördert — doch sind sie auch für Fluten oder Zerstörung zuständig. Wie der Mond leben sie ihre Zeit in Phasen: Der helle (zunehmende) Mond zeigt die wohltätige Seite, der dunkle (abnehmende) die zerstörende.

Mondgöttinnen wurden oft als Quellen höherer Weisheit und höheren Wissens betrachtet. Weisheit war die „göttliche Sophia". Das griechische Wort *sophos* bedeutet Weisheit. Mondgedanken sind Phantasien, Intuition. Es sind keine ordentlichen, rationalen Gedanken. Diese Art des Denkens entstammt unseren Köpfen, jene taucht aus tiefsten Tiefen auf. Sophia ist die höchste Inkarnation des weiblichen Prinzips, die Quelle göttlichen Wissens.

Die Mythologie legt die Inspiration des Mondes in den dunklen Mond und den Somatrank, der aus den Säften des Mondbaums gebraut wird. Das Ritual des Somatrinkens verbindet die Verehrenden mit der ewigen, unbeweglichen Wirklichkeit des Selbst. Der Somatrank birgt ewiges Leben, verleiht Inspiration und die der Natur innewohnende Weisheit. Die Weisheit der Natur weiß, ohne zu wissen, warum. Sie ist nicht erlernt, sondern instinktiv.

Ashera, der heilige Mondbaum, taucht verschiedentlich in alten Religionen und Künsten auf, oft als Holzsäule dargestellt oder auch als Pflanze oder Baum, manchmal findet sich ein Halbmond in den Zweigen. Das Schlagen des Ritualbaums war die Rekonstruktion des Todes eines Gottes. Der Mondbaum wird oft mit Früchten und Lichtern behängt – wie der Weihnachtsbaum. Die Assyrer/innen dekorierten den Baum mit Schleifen, so wie später in anderen Gegenden der Maibaum dekoriert wurde. In einer alten Eriduhymne wird der heilige Baum als „Haus der mächtigen Mutter, die am Himmel wandert", besungen.

■ ■ ■ ■ ■ ■ ■ ■ *Mond, Mond* ■ ■ ■ ■ ■ ■ ■ ■

Entspanne, versenke und schütze dich. Geh nun hinab, tief hinab, hinab zum Kern deines Wesens, zur Essenz deiner weiblichen Natur. Du findest dich an einem einsamen Strand unter dem Mondlicht wieder. Du siehst, wie sich das Mondlicht auf dem Wasser spiegelt; du fühlst, wie dich die Mondstrahlen anziehen, dich zurückziehen, weit zurückziehen in das Erbe deines Frauseins.

Du starrst den Mond an und spürst seine Kraft und seine Macht, den Sog auf dein Wesen. Du weißt, daß primitive Völker an den Mond als Fruchtbarkeitsspender glaubten. Mutter allen Lebens, scheine jetzt auf uns. Lebensspenderin, Bewegende, Wachstumsfördernde. *Verweile zwei Minuten.*

Erkenne die Kraft des Mondes, die Quelle göttlicher Weisheit. Von dort kommen Phantasien, Träume und Visionen. Der Mond bringt Kreativität und Originalität, Göttlichkeit. Mond, scheine auf uns. *Verweile zwei Minuten.*

Du kennst die Kraft des Mondes. Unsere Kraft wie die seine ist licht und dunkel. Geist der Unterwelt, Hüter der Sterne, du bringst Schlaf, Dunkelheit und Tod. *Verweile zwei Minuten.*

Erkenne die Kraft des Mondes. Spüre, wie er zu- und abnimmt in dir. Mondgöttin, du scheinst für uns alle. Ishtar, Mutter aller, öffnest das Becken, Silberscheinende, Samentragende und Schwangere. Königin der Unterwelt, Hekate, Schlangen winden sich in deinem Haar, Dunkelheit und Schmerz.

Der Vollmond erhebt sich in dir, während du den Worten der Großen Mutter lauschst. Sie sagt: „Versammelt euch, wann immer ihr etwas braucht, am besten zur Zeit des Vollmonds an einem geheimen Ort... Dann werde ich euch Dinge lehren, die ihr noch nicht kennt. Ihr werdet frei sein... Haltet euch an eure höchsten Ideale, strebt danach. Laßt euch nicht abdrängen... Mein ist der Kelch des Weins des Lebens und der Kessel der Cerridwen... Ich bin die Mutter allen Lebens, meine Liebe ergießt sich auf die Erde. Ich bin die Schönheit der grünen Erde und des weißen Mondes unter den Sternen, das Geheimnis des Wassers, die Sehnsucht im Herzen jeder Frau. Laßt vor meinem Angesicht euer Innerstes sich entfalten im Entzücken des Unendlichen. Erkennt das Geheimnis: Das, was ihr sucht, findet ihr in euch, und wenn ihr es dort nicht findet, findet ihr es nirgendwo. Denn wisset: Ich war mit euch von Anfang an und erwarte euch jetzt." (Alte Wicca-Tradition.)

Zunehmend und abnehmend wie der Mond, kehrst du sanft in dein Alltagsbewußtsein zurück.

■   ■   ■

■ ■ ■ ■ ■ ■ ■ *Mondgrotte* ■ ■ ■ ■ ■ ■ ■

Entspanne, versenke und schütze dich. Geh tief nach innen, lange Pfade entlang, durch Labyrinthe, hinunter und hinab, bis du zu einem dunklen Wasser kommst. Dort liegt ein Boot. Besteige es und laß dich davontreiben durch Höhlen und Grotten, immer tiefer, immer weiter. Du fühlst die Schaukelbewegung des Bootes und den beruhigenden Ton des plätschernden Wassers. Du läßt dich dahintreiben durch dunkle Höhlen, bis du zu einer großen Grotte kommst, wo dein Boot in einer Lagune anlegt.

Du schaust nach oben und siehst, daß die Grotte durch den Mond erhellt und bestrahlt wird. Das Mondlicht scheint herab. Es strahlt durch einen schmalen, fadendünnen Spalt von oben in die Grotte. Vom Silberlicht hervorgezaubert, tanzen die Schatten an den Wänden der Grotte. Du weißt, daß dies ein heiliger Ort ist.

An diesem heiligen, magischen Ort wirst du Sophia treffen, die Königin der Himmel. Sie schenkt Weisheit. Einmal im Monat zur Vollmondzeit kehrt sie hier ein, um den Frauen, die den Weg zu diesem geheimen Ort gefunden haben, ihr Wissen mitzuteilen. Sie taucht jetzt vor dir auf, und du wirst eine ganz wichtige Phase mit ihr verbringen. *Verweile fünf bis zehn Minuten.*

Du verläßt nun die Grotte, kehrst zurück durch dunkle Gänge, schwebst nach oben und kehrst zu deiner Alltagsrealität zurück. Erinnere dich an alles, was du erlebt hast, und behalte dieses Wissen. Du kehrst entspannt und erquickt zurück.

■   ■   ■

■ ■ ■ ■ ■ ■ *Ashera, heiliger Mondbaum* ■ ■ ■ ■ ■ ■

Entspanne, versenke und schütze dich. Tiefer, immer tiefer, bis du ein dunkles Wasser erreichst, wo ein halbmondförmiges Boot liegt. Im schwachen Mondlicht erkennst du alte Symbole, die auf die Bootswand geritzt sind. Es ist ein heiliges Boot, wie du es noch nie gesehen hast. Du besteigst das halbmondförmige Boot und segelst davon. Die magischen Symbole des Mondes schützen dich. Du segelst so dahin, durch die Nebelnacht, siehst die Strahlen des Mondes auf dem Wasser tanzen. Zunächst scheinen die Mondstrahlen schwach, werden dann jedoch immer heller und strahlender. Sie tanzen hell strahlend auf dem Wasser, und du weißt, daß dein Boot von den Silberstrahlen geführt wird. *Verweile zwei Minuten.*

Sanft landet dein Boot am Ufer, du steigst aus und gehst durch unbekanntes und doch bekanntes Land. Du weißt, daß dich die Reise zu etwas ungeheuer Wichtigem führt. Die Reise dauert lange und geht langsam vonstatten. Du wirst müde und durstig, gehst aber weiter, weil du sicher weißt, daß etwas Großartiges, Wundervolles dich erwartet. *Verweile eine Minute.*

In der Ferne erkennst du die Umrisse eines Baumes, eines fremden, zauberhaften Baumes. Du siehst im Näherkommen wunderschöne Früchte an den Zweigen hängen. Du erklimmst den Baum und ruhst dich auf den Ästen aus. Hungrig pflückst du eine dieser seltsam schönen Früchte. Es ist die Frucht der Göttin. Der Saft dieser Frucht bringt Inspiration und Weisheit, Weisheit, die weiß, ohne zu wissen, wie. Die himmlische Frucht verleiht Unsterblichkeit. Du spürst den honigsüßen Saft der Frucht auf deinen Lippen und schluckst ihn. Dabei spürst du, wie sich ein sanfter Nebel über dich legt. Allmählich sinkst du in einen tiefen, traumähnlichen Schlaf. In diesem Schlaf hast du eine Vision alter Mysterien. *Verweile fünf bis zehn Minuten.*

Du erinnerst dich dieser Vision und nimmst die Erinnerung

mit. Meine Stimme ruft dich zur Rückkehr. Du kehrst voller Weisheit und Inspiration zurück.

■ ■ ■

Manche feministische Hexen folgen der dianischen Tradition, in der Diana als Schöpferin allen Lebens verehrt wird. Diana bedeutet heilige Mutter (dia — heil, heilig, ana — Mutter). Die folgende Übung ist eine Abwandlung von Charles Leeands: „Aradia, Botschaft der Hexen".

■ ■ ■ ■ ■ ■ ■ ■ *Diana* ■ ■ ■ ■ ■ ■ ■ ■

Seit Beginn der Zeit beteten alle Völker zur Schöpferin des Lebens, zur Königin des Himmels. Sie nannte sich Diana, Jägerin der Nacht. Diana war stark und heil, eins mit sich selbst, eins in sich selbst. Sie tanzte den Tanz des Lebens, und während sie ihn tanzte, trennte sie sich in Dunkelheit und Licht. Das Licht wurde zu Lucifer, ihrem Bruder. Da sie sah, wie schön dieses Licht, Lucifer, war, wünschte sie, ihn wieder in ihrer Nacht zu empfangen.

Lucifer floh vor ihr wie die Maus vor der Katze. Diana folgte ihm in die Nacht, folgte ihm tief hinunter auf die Erde. Dort beobachtete sie ihn, sah seine Gewohnheiten und erkannte, daß er jede Nacht schlief. Ebenso schlief seine Lieblingskatze am Fuß seines Bettes.

In jener Nacht schlüpfte die mächtige Diana in den Körper der Katze. Als die Nacht am dunkelsten war, verwandelte sie sich in sich selbst zurück, schlief mit ihrem Bruder und wurde so zur Mutter Aradias. Lucifer war am Morgen sehr ärgerlich, doch Diana bezauberte ihn mit einem Lied. Sie summte wie das Rad des Lebens. Und so geschah es, daß alle Dinge vom Rad der Diana gesponnen werden.

Diana blieb auf Erden, doch war ihr Zauber so stark, daß sie ihn unmöglich vor den Leuten verbergen konnte. Sie sagte, daß sie den Himmel verdunkeln und Mäuse in Sterne verwandeln könne. Die Leute sagten, wenn sie dazu fähig sei, solle sie ihre Königin werden.

So tauchte Diana in die Erde und schaufelte Erde samt Mäusen heraus und steckte alles in die Blase eines Ochsen. Dann blies sie in die Blase, bis sie zerplatzte. Die Erde in der Blase wurde zum Himmel: Es regnete drei Tage lang. Die Mäuse waren zum Regen und zu Sternen geworden. Diana wurde Königin der Hexen und zur Katze, die die Sternenmäuse regiert.

■　■　■

SCHÖPFUNGSMYTHEN

Wie entstand die Welt? Alle religiösen Traditionen suchten eine Antwort auf diese Frage und schufen so die Schöpfungsmythen. In den frühesten Mythen gibt es nur das Weib als schöpferische Kraft: Am Anfang war die Frau. Alles Leben entsprang ihrem Schoß. Helen Diner sagt: „Die Mythologie wußte stets dies: Über dem Tor zur ägyptischen Göttin Nieth (auch Nut oder Neit, Anm. d. Übers.) steht: Was da ist, was da sein wird und was gewesen ist, bin ich. *Meinen Chiton hat keiner aufgedeckt*, die Frucht, die ich gebar, war die Sonne." (Helen Diner, „Sir Galahad": *Mütter und Amazonen*, S. 12, München 1975.)

Thalat war das Urwesen in babylonischen Schöpfungsmythen und gebar das göttliche Paar, Tiamat und Apsu, und schuf so die zweite Generation. In den frühesten griechischen Mythen entsprang Gaia, die weibliche Erde, der Urvagina, „die Unendlichkeit fühlt alles". Gaia, die jungfräuliche Göttin, erschuf Uranos, den Himmel, und zusammen begründeten sie die Rasse der Titanen. Die vedische Naturgottheit Vac ist das schöpferische Wort, dem alles entspringt. „*Vac* heißt Sprache. Im Gegensatz zu den üblichen ‚feurigen Zungen', durch die ein männlicher heiliger Geist sich zu ergießen pflegt, formt und erweckt hier die Muttermundhöhle allein das lebendige Wort, ohne daß eine Zunge als väterlicher Phallus dazu anschlüge." (*Mütter und Amazonen*, S. 16.)

In Schöpfungsmythen der Irokesen spielen Frauen Hauptrollen bei der Erschaffung der Welt. Ein Mythos beginnt mit der Schwangerschaft einer Frau im Himmel. Eine zweite Frau wird schwanger und fällt zur Erde. Sie landet auf dem Wasser. Sie erhebt sich aus dem Wasser und gebiert ein Mädchen. Erst in der dritten Generation gebiert sie Zwillinge, darunter einen Knaben. So taucht auch hier das Männliche erst später auf, genau wie in den babylonischen Mythen. Dort brachte Thalat in der zweiten Generation Tiamat und Apsu als Frau und Mann zur Welt. Die beiden zerrissen, und so entstanden Himmel und Erde.

In unzähligen Schöpfungsmythen enthält eine schwangere Frau die ganze Welt. Wo keine menschlichen Wesen auftauchen, entsteht die Schöpfung häufig aus einer undifferenzierten Masse, die oft als Ei vorgestellt wird, als weibliches Symbol (Brahma, der Vater aller Welten, lag ein Jahr in einem Ei verborgen und zerteilte dies, nachdem er herauskam, in Himmel und Erde). Die Schöpfung kann auch den Tiefen einer Schlucht entstammen, die wiederum klar ein weibliches Vaginasymbol ist.

Die ursprünglichen Großen Mütter waren alle Mondgöttinnen. Die Mondgöttin ist die Magna Mater. Ihr entstammen Fruchtbarkeit, Wachstum, Freude und Liebe. Götter begannen als Kinder, hingen von der Großen Mutter ab. Die Hälfte der Götter Kleinasiens waren sterbliche Kinder unsterblicher Mütter. Das Männliche ist sekundär und sterblich.

Alle Muttergöttinnen spinnen und weben wie Nemesis, die im Zentrum des Kosmos sitzt. Die Achse des Kosmos spinnt in ihrem Schoß wie eine Spindel. Die Göttinnen weben den Weltenteppich, und sie weben Blutgefäße und Gewebe in die Menschenkörper. „... Harmonia webt den bestirnten Himmel, und Arachne verspinnt alle Liebesverschlingungen der Götter und Menschen in ihr Netz." (*Mütter und Amazonen*, S. 26.)

In diesen großen Göttinnen sahen die Frauen des Altertums Spiegelungen ihrer selbst, da die Göttinnen alle Eigenschaften des Frauseins verkörperten und personifizierten. Die Göttin zeigt die Wertschätzung psychischer Ganzheit als Frau. Sie ist ein Archetyp der Natur und des Lebens und verkörpert immaterielle Werte wie Gefühle und Instinkt. Sie ist die Schöpferin, die Ernährerin, die Heilerin, die Beschützende, die Verteidigerin, sie ist die Verbindung zur Quelle des Lebens und des Wissens.

Frauen hatten stets Einfluß auf die Zivilisation, sie tradierten alte Kulturwerte, wenn die Kultur schon lange nicht mehr existierte. Die Grundlagen jeder Gesellschaft beruhen auf dem weiblichen Prinzip der Verbundenheit. Frauen achten Blutsbande und Verwandtschaft. Die Frau liebt die Kinder als Geschöpfe ihres Leibes und der Mutter Erde. Alle sind gleich. Das Menschenleben ist heilig und wertvoll. Großen Respekt zollen sie den inneren Welten der Gefühle und Instinkte. Das sind die Prinzipien des Matriarchats.

Schöpfungsmythen werden oft als die tiefsten und wichtigsten aller Mythen beschrieben, da sie von Grundproblemen des menschlichen Lebens handeln und die letzte Bedeutung nicht nur menschlicher Existenz, sondern des gesamten Kosmos erklären. Bei jedem Bewußtseinswandel wird ein Schöpfungsmythos aus dem Unbewußten aufsteigen. Natürlich trifft jedes neue Element kosmischer Bewußtheit zunächst auf bewußten Widerstand, doch öffnen wir uns neuen Ideen, werden Veränderungen beginnen.

In chaotischen Zeiten wie den unseren symbolisiert die Nacherzählung alter Schöpfungsmythen die Wiedergeburt der Welt. Um unsere eigene Wiedergeburt zu erneuern, müssen wir die ältesten aller Mythen nacherzählen, die Mythen der Großen Muttergöttin. Wir stehen an der Morgenröte eines neuen Zeitalters feministischen Bewußtseins und müssen den eigenen Schöpfungsmythen eine Chance geben.

RITUALE

Um heil, ganz zu werden, müssen wir die Mitte finden, einen Ort, an dem wir uns sammeln und versammeln können. Einen Ort der Konzentration innerer Energien, so daß wir nicht ständig durch Kritik, Befehle oder Streß erschüttert werden. In traditionellen Glaubensrichtungen wurde dies oft als Perfektion mißverstanden. Aber was wirklich not tut, ist Ganzheit. Meine persönliche Suche führte mich zum Feminismus, zu psychischer Entfaltung, Meditation, Reinkarnation, Wicca-Kulten, Yoga und dem Studium matriarchalen Bewußtseins. Aus dieser Suche heraus habe ich eigene Rituale geschaffen, die mich stärken und zentrieren. Aus vielen Traditionen borgte ich mir etwas, doch zum großen Teil entsprangen die Rituale einer inneren Quelle. Später fand ich zu meinem Erstaunen und Entzücken heraus, wie sehr sie alten Traditionen ähnelten.

Ein Ritual ist eine stilisierte Folge von Handlungen, seien sie physischer oder geistiger Natur. Sie dienen dazu, die Wahrnehmung der Wirklichkeit zu verändern. Es ist ein symbolischer Akt, der eine innere Entwicklung, ein inneres Ereignis konkretisiert. Oft beginnt ein Ritual, lange bevor ein Bewußtsein seiner Bedeutung sich zeigt. Jedes Ritual transformiert die Persönlichkeit. Rituale gehören zu jedem magischen Prozeß.

Die Kunst des Rituals ist die Entdeckung der besten Nutzung der Energieströme. Stärke liegt in einem Ritual; Kraft zur Klärung unserer Handlungen, so daß sie genau werden. Wiederholung von Tönen und Bewegungen baut Energien auf. Wir harmonisieren unsere Energien mit denen des Universums. So erfahren wir die Verbindung zum Ganzen des Universums.

Ein Ritual kann in so etwas Einfachem wie dem Anzünden einer Kerze bestehen, oder es kann aufwendige Vorbereitungen erfordern. Rituale können folgende Dinge enthalten: stilisierte Bewegungen, Wiederholungen von Worten, Gesänge, Lieder, Objekte, Kostüme, Werkzeug, Essen, Getränke, Drogen usw. Jede Handlung, sei sie ein Wiederholen von Worten, ein Sammeln besonderer Objekte, eine Art, sich zu kleiden, den Körper in einem Tanz zu bewegen oder eine Pose zu halten, wird meditativ ausgeführt, sorgfältig und bedacht. Rituale können spontan geschehen, es kann aber auch jede Einzelheit im voraus geplant werden. Die meisten Rituale enthalten Elemente von beidem.

Bei einem Ritual erschaffst du im Mikrokosmos, was du im Makrokosmos erreichen willst. Bevor du zu einem Ritual schreitest, solltest du also deine Gedanken und Gründe dafür geklärt haben. Folgende Fragen mögen dir dabei helfen: Was will ich? Warum will ich es? Was geschieht, wenn ich mein Ziel erreiche? Was passiert, wenn ich mein Ziel nicht erreiche? Wie wird mein Erfolg oder mein Mißerfolg andere beeinflussen? Wünsche ich es so sehr, daß ich mich verspanne und anspanne, Angst bekomme und die Energie blockiere, die ich brauche? Glaube ich wirklich, daß ich etwas erreichen kann? Glaube ich, daß ich es verdiene? Habe ich alles, was es braucht (Selbstvertrauen, Werkzeug, Energie, Zeit, materielle Ressourcen)?

Sobald deine Ziele klar sind, kannst du mit dem Ritual beginnen. Verschiedene Schritte gehören zur Planung und Ausführung eines Rituals, und ein jeder davon ist zur gegebenen Zeit richtig. Der erste und zweite Schritt besteht im Planen und in der Vorbereitung der Materialien für das Ritual. Der dritte und vierte Schritt sind die inneren Vorbereitungen (Meditation und/ oder Fasten und Reinigung) und schließlich die Zeremonie selbst.

Verschiedene Situationen in unserem Leben können ritualisiert werden: Feiertage oder Feiern zu speziellen Gefühlen oder Ereignissen, die wir in positiver Erinnerung halten wollen. Wir können auch Situationen ritualisieren, die wir loslassen möchten: Schmerz oder Angst, Trauer über den Tod eines/r Freundes/in, Verwirrung wegen des Endes einer Beziehung. Rituale können negative Situationen in positive verwandeln.

Ich habe verschiedene Rituale aus jeder Kategorie hier angefügt, alle habe ich erfolgreich ausgeführt. Das erste ist Selbstsegnung, ein Ritual der Affirmation, das gestaltet werden kann, wann immer du das Bedürfnis dazu hast.

Selbstsegnung: Nimm eine weiße Kerze, eine kleine Schale mit Wasser und ein Räucherstäbchen. Nimm dir Zeit, begib dich an einen ruhigen Ort. Zünde die Kerze an und das Räucherstäbchen, setz dich ruhig hin, laß alle Spannung los, alle Sorgen, alle negativen Gedanken. Sie verlassen deinen Körper/Geist.

Tauche deine Finger in das Wasser und berühre deine Augen, indem du sagst: „Segne meine Augen, daß ich klar sehe."

Tauche deine Finger in das Wasser und berühre deinen Mund, indem du sagst: „Segne meinen Mund, daß ich die Wahrheit spreche."

Tauche deine Finger in das Wasser und berühre deine Ohren, indem du sagst: „Segne meine Ohren, daß ich alles höre, was mir gesagt wird."

Tauche deine Finger in das Wasser und berühre dein Herz, indem du sagst: „Segne mein Herz, daß ich von Liebe erfüllt werde."

Tauche deine Finger in das Wasser und berühre deinen Schoß, indem du sagst: „Segne meinen Schoß, daß ich mit meinen kreativen Energien und den kreativen Energien des Universums in Verbindung bleibe."

Tauche deine Finger in das Wasser und berühre deine Füße, indem du sagst: „Segne meine Füße, daß ich meinen wahren Weg finde und gehe."

Still überdenkst du deine Worte und spürst friedliche, liebende Energie in dir.

Wenn du soweit bist, lösche die Kerze. Leere das Gefäß aus und reinige es sorgfältig.

Steinritual: Das Steinritual symbolisiert die Linderung von Schmerzen und eine Erneuerung liebender Energie. Frauen setzen sich in einen Kreis mit einem Stein in der Mitte. Alle entspannen sich und konzentrieren sich auf den Stein. In Stille und Meditation wird der Stein von Frau zu Frau weitergereicht. Jede Frau, die den Stein in ihrer Hand hält, stellt sich dabei vor, wie sie ihre Schmerzen hineingibt. Hat jede Frau ihre Schmerzen dem Stein übergeben, wird der Stein in einer Schüssel mit Wasser gewaschen und mit einem Handtuch getrocknet. Dann wird der Stein wieder im Kreis von Frau zu Frau weitergereicht. Jede Frau, die den Stein in der Hand hält, füllt ihn nun mit liebevoller Energie. Hat jede Frau den Stein mit liebevoller Energie gefüllt, wird er in die Mitte des Kreises gelegt. Alle meditieren auf den Stein, werden zum Stein, sind frei von Schmerz und voll liebevoller Energie.

Wunschringritual: Dieses Ritual wird am besten bei Vollmond ausgeführt. Dann sind die psychischen Energien am stärksten. In der Wicca-Tradition heißt es, daß in dieser Zeit Geschenke oder Gaben gewährt werden.

Setzt euch in einen Kreis und haltet euch bei den Händen. Atmet zusammen und spürt, wie die Energie im Kreis fließt. Sind alle ruhig geworden, könnt ihr die Hände loslassen. Nehmt den Ring (der vorher ausgesucht wurde) und laßt ihn rechts herum im Kreis gehen. Jede Frau hält den Ring und meditiert darauf. Dreimal geht der Ring im Kreis. Beim vierten Mal kann diejenige, die soweit ist, ihren Wunsch kundtun. Dreimal wird der Wunsch genannt. Die, die dazu etwas sagen mögen, sagen dreimal gemeinsam: „So sei es." Dann senden alle Frauen Energie und stellen sich vor, wie der Wunsch erfüllt wird. Der Ring wird so lange weitergegeben, bis alle, die es wollten, ihren Wunsch laut ausgesprochen haben. Dann wird der Ring in die Mitte gelegt, und die Frauen reichen sich wieder die Hände. Spürt die Energie des Kreises. Wenn ihr soweit seid, laßt die Hände los.

Menstruationsritual: Folgende Utensilien sind nötig: eine rote und eine weiße Kerze für jede Frau und zwei rote Kerzen für den Altar, Salzwasser, Weihrauch, ein Knäuel rotes Garn, eine kleine Schere und eine Tasse oder ein Schwamm mit Menstruationsblut. Falls ihr mögt, zieht einen Kreis mit dem Weihrauch und dem Salzwasser. Entzündet die roten Kerzen auf dem Altar.

Alle reichen sich die Hände im Energiekreis. Nach ein paar Minuten laßt ihr die Hände wieder los. Nacheinander entzünden alle Frauen einzeln ihre Kerzen und sprechen dazu folgendes: „Die rote Kerze steht für meine Stärke, ich blute und bin nicht verwundet. Die weiße Kerze steht für meinen reinen Geist, ich bin Jungfrau, eins mit mir." Dann wird das Menstruationsblut herumgereicht, die Frauen können ihren Finger hineintauchen und damit einen Punkt auf ihre Stirn malen. Dazu sprecht: „Dies ist das Blut meines Körpers, das Blut der Erneuerung, das Blut des Lebens." Dann wird das Garn herumgereicht und in den Kreis verwoben, so daß alle verbunden sind. Alle sind eins. Jetzt können die Frauen singen oder summen, sich ihre Gefühle als Frau erzählen oder etwas anderes tun, das sich richtig anfühlt. Das Ritual wird mit folgendem Lied beendet: „Frau bin ich, Geist bin ich. In meiner Seele bin ich unendlich. Ich habe keinen Anfang, ich habe kein Ende. All dies weiß ich." (Alte Frauentradition.) Jede Frau schneidet sich dann ein Stück von dem Garn ab und bindet es sich um ihr Handgelenk. Es repräsentiert die Blutsbande, die uns miteinander und mit der Erde verbinden. Dann wird der Kreis geöffnet.

Ritual zur Befreiung von Ängsten oder zum Lösen negativer Gefühle: Für dieses Ritual brauchst du Kerzen, Weihrauch, Papier und Stift, einen Behälter zum Verbrennen des Papiers, Salzwasser. Dieses Ritual kann allein oder mit anderen ausgeführt werden. Du kannst auch einen Kreis ziehen, wenn du magst.

Entzünde Kerzen und Weihrauch. Setz dich ruhig hin und entspanne dich. Denke über Ängste oder Gewohnheiten nach, die du loslassen möchtest. Schreibe jede Angst, Gewohnheit oder jedes negative Gefühl oder jede negative Erfahrung auf ein einzelnes Stück Papier.

Nimm die verschiedenen Papiere nacheinander und lies sie laut. Dann verbrenne ein jedes einzeln und sage: „So wie dieses Papier verbrennt, wird meine Angst zunichte." Vielleicht willst du auch die negative Erfahrung zur positiven transformieren. Wenn du dann jedes einzelne Papier verbrennst, sagst du: „Dieses Feuer transformiert meine Sorgen in achtsame Aufmerksamkeit." Hast du all deine Papiere verbrannt, setz dich ruhig hin und überdenke alles, was du gesagt und getan hast. Spüre, wie du von allen Ängsten und negativen Energien erlöst bist und wie Liebe und Freude dich erfüllen. Du kannst dich mit dem Salzwasser segnen. Wenn du soweit bist, lösche die Kerzen und entledige dich sorgsam der Asche.

Hausschutzritual: (Kann als Schutz für alles verwendet werden.) Dieses Ritual vollzogen wir für Freundinnen, in deren Haus mehrmals eingebrochen worden war. Danach passierten keine weiteren Vorfälle dieser Art mehr. Sie nehmen an, daß die Einbrecher aus der Nachbarschaft weggezogen sind.

Die innere Vorbereitung zu diesem Ritual bestand darin, in der Psyche nach Gründen für die Einbrüche zu suchen. Oft genug bringt der Kauf eines neuen Hauses sowohl Freude als auch Krisen. Tieferliegende Ängste werden angerührt, die mit Verantwortung und Verpflichtung zu tun haben mögen und ähnliches. Jede Frau fragte nach ihren Ängsten, Zweifeln und unterdrückten Gefühlen, die Ursache sein könnten. Was für eine Verantwortung hatte sie übernommen, gab es karmische Bindungen? Frustrationen wurden ausgedrückt und Ärger, alle Beteiligten wollten zu einer Einigung gelangen.

An Materialien braucht es: Kerzen, Weihrauch, Salzwasser, Papier und Stift, Gefäß zum Verbrennen von Papier.

Wir zogen einen Kreis und riefen die vier Himmelrichtungen an. Die Energie wurde in einem Energiekreis aufgebaut. Dann schrieben wir alle unsere Ängste, Befürchtungen und unseren Ärger nieder, alles, was mit dem Einbruch zu tun hatte. Jede sagte laut, was sie aufgeschrieben hatte, und verbrannte dann das Papier, indem sie sagte: „So wie dieses Papier vernichtet wird, werden auch meine Ängste und Sorgen zunichte." Dann sprachen wir über die Notwendigkeit des Loslassens. Wir wollten unseren Ärger ausdrücken, doch dadurch nicht an die Diebe gebunden werden. Als wir unsere Gefühle soweit geklärt hatten, reichten wir uns die Hände und segneten die Diebe, baten sie darum, in Frieden zu gehen. Danach gingen wir mit Räucherstäbchen durch das ganze Haus, umkreisten jedes Fenster und jede Tür, bestätigten, daß das Haus nun vor allem Unheil geschützt sei. Wir kehrten zum Kreis zurück, reichten uns die Hände und erfüllten uns mit liebevoller Energie. Der Kreis wurde geöffnet, das Ritual vollendet.

Schutz vor Belästigung: Dieses Ritual führte vor Jahren eine Gruppe von Frauen durch, die von ihren früheren Ehemännern belästigt wurden, wobei es meist um Geld und die Besuche der Kinder ging. (Keine von uns war derzeit in Gerichtsstreitigkeiten verwickelt, doch hatten einige kurz zuvor ihren Prozeß gewonnen.) Das Ritual zeigte Erfolg, keine von uns hatte mehr irgendwelche Schwierigkeiten in den folgenden Jahren. Das Ritual kann bei Bedarf wiederholt werden.

Die innere Vorbereitung für dieses Ritual bestand darin, daß wir unsere Ängste, die Kinder zu verlieren, analysierten, Geldprobleme untersuchten, unseren Ärger anerkannten, unseren Haß den Männern gegenüber und die Notwendigkeit des Loslassens. Wir wollten ein Schutzritual mit Affirmationen für uns schaffen. Es ging uns nicht darum, die Männer zu verfluchen oder zu verhexen.

Wir benutzten rote und gelbe Kerzen, Weihrauch, Salz, Wasser und Öl.

Im Energiekreis reichten wir uns die Hände. Dann nahmen wir unsere Kerzen und rieben sie mit Öl ein. Wir segneten sie, indem wir unsere Hände darüber hielten und sagten: „Im Namen der tausendbrüstigen Isis möge unser Zauber gesegnet sein. Im Namen der Jägerin der Nacht, Diana, möge unser Zauber stark sein. Im Namen Hekates, der Königin von Himmel und Hölle, mögen wir unser Ziel erreichen." (Z. Budapest: *Feminist Book of Lights and Shadows*.) Wir entzündeten die Kerzen und den Weihrauch auf dem Altar. Dann nahm eine jede von uns die gelbe Kerze, die unsere Angst symbolisierte, und schrieb dreimal den Namen des Ex-Ehemanns darauf. Nacheinander drückte jede Frau ihren Ärger und ihre Furcht aus sowie das Verlangen, die Situation zu ändern. Dann nahmen wir unsere roten Kerzen, die unseren Mut, unsere Stärke und Kraft darstellten, und zündeten sie an. Nacheinander versicherte sich jede Frau ihres Muts, ihrer Stärke und ihrer Fähigkeit, die Dinge nach ihren Wünschen zu gestalten. Wir beendeten das Ritual mit einem Energiekreis. Am Ende des Abends nahmen wir unsere Kerzen mit nach Hause und ließen sie völlig niederbrennen. Die Überreste haben wir sorgsam vernichtet.

Kerzenrituale: Einfache Kerzenrituale können jederzeit zu vielen Zwecken veranstaltet werden. Oft entzünde ich Kerzen für Freunde/Freundinnen, wünsche ihnen Glück oder Gesundheit, helfe ihnen durch eine Krise, denke an ihren Geburtstag oder bestimmte Gelegenheiten. Die Farbe wähle ich nach dem Bedürfnis aus: Manchmal sind es die Astralfarben der Frau, dann wieder Farben, die ihren Wunsch repräsentieren (beispielsweise grün zum Heilen, rot für Mut und Stärke). Ich lasse die Kerzen ganz niederbrennen. Die beständige Flamme erinnert mich jedesmal, wenn ich daran vorbeigehe oder hinschaue, an die Energie, die ich senden will.

KAPITEL ELF

SPIRITUALITÄT

Das Wort „spirituell" ruft wegen seines Mißbrauchs in der patriarchalen Kultur oft genug Mißtrauen, Verwirrung, Ärger oder Angst hervor. Es beschwört entweder verzückte Weltflucht herauf oder die Anbetung eines traditionellen Gottes. Im Osten wie auch im Westen haben patriarchale religiöse Traditionen Frauen auf untergeordnete und unterwürfige Positionen verwiesen. Eine Kultur, die den Schöpfungsmythos unter Ausschluß der weiblichen Schöpferkraft darstellt und aufrechterhält, ist eine Kultur, die Frauen kategorisch ablehnt. Die Frauenverachtung unserer Gesellschaft ist Eckpfeiler der Philosophien und Institutionen, die Angst und Schuldgefühle nähren, die Vernichtung, Unterdrückung und Bestrafung predigen.

Eine solche Denkart raubt uns unsere Energien und kanalisiert sie so, daß sie uns unterdrücken, uns von unserem wahren Selbst entfremden. In männlichen Glaubenssystemen werden die Menschen getrennt, um physische, wirtschaftliche und kulturelle Unterdrückung zu verschleiern. Männer richten Energien, die lebenserhaltend und Leben unterstützend wirken sollten, auf Todes- und Vernichtungssysteme. Im Namen von Unterordnung, Opfer und Dienst sind weibliche Energien in pflegende umgewandelt worden, die mehr auf andere bezogen sind und kaum oder nur sehr wenig Gedanken an das eigene Selbst zulassen.

Außerdem wird „spirituell" oft als Gegensatz zu materiell, praktisch und politisch gesehen.

Dies entspringt patriarchalen, dualistischen Denkmodellen, die alle Erfahrungen in starre entweder/oder-Kategorien hineinpressen wollen. Richtig/falsch. Schwarz/weiß. Gut/schlecht. Weiblich/männlich. Unsere Kultur, unsere Werte, die Art, wie wir uns selbst definieren — alles ist durch diese rigiden männlichen Begriffe eingeengt worden. Eigenschaften, die stark und schön waren und sein können, wurden verdreht, häßlich und unterdrückend.

Passivität, weise und angemessen gelebt, ist die Fähigkeit und Weisheit des Wartens. In extremer Form wird sie zu Stagnation und Tod. Sanfte Milde wird als Schwäche ausgelegt statt als sachte Flexibilität, die des Wandels und der Veränderung fähig ist. Wir werden gezwungen, für andere empfänglich zu sein, in einem Ausmaß, daß wir oft nicht mehr unsere ureigenen Bedürfnisse erkennen oder erfüllen können. Wir werden hysterisch oder depressiv, weil wir keinen Raum für den freien Ausdruck unserer Gefühle erhalten. Wahre Bescheidenheit wird als Mißachtung des Selbst gesehen statt als freie Entscheidung eines starken Selbst, das so in sich ruht, daß es über den eigenen Horizont hinausgucken kann. Hingabe, die starke Kraft des Loslassens und der Öffnung zum Unbekannten wird auf Kriechertum und Verneigung vor Männerbefehlen reduziert. Aufopferung wird als Aufgabe des Selbst betrachtet und nicht als Hingabe an das Selbst und seine vielen Dimensionen.

Die traditionellen Erwartungen unserer Kultur haben im allgemeinen den Ausdruck der Ganzheit verleugnet oder abgelehnt, jene ekstatischen Augenblicke, in denen wir über uns selbst hinauswachsen und die Verbindung zum Universalen spüren. Mystische oder transzendente Erlebnisse sind uns genommen worden, so daß wir, da es keinen Ausdruck mehr dafür gibt, die Verbindung verlieren oder schizophren werden.

Das Spirituelle aber ist eine andere Dimension des Selbst, eine Dimension, die nicht weniger real als die physische ist. Der Unterschied liegt in der Art, wie uns spirituelles Bewußtsein enthüllt wird. Die spirituellen Aspekte unseres Selbst erfahren wir durch Träume, Mythen, Visionen, Intuition, Ahnungen und Gefühle. Es ist an der Zeit, daß wir uns diese Eigenschaften wieder aneignen und unsere tiefen und liebevollen Beziehungen zum Universum wieder aufnehmen.

Wir können nicht länger in der begrenzten Realität des Patriarchats leben. Wir lernen schon sehr früh, was wir erkennen sollen: welche Erfahrungen als wirklich und wertvoll gelten. Ein Kind, das „schöne Lichter" über den Köpfen der Menschen sieht, hat eine „blühende Phantasie" und lernt daraus, daß es besser diese Dinge nicht mehr erwähnt. Real ist das Telefongespräch mit deiner Tante, nicht aber das Gespräch mit der Person, die des Nachts in dein Zimmer fliegt. Bald werden „Phantasie-Spielgefährten" vergessen oder unterdrückt. In einer Gesellschaft, die Ratio, Konkretes und Materielles überbetont und überbewertet, haben wir keine Tradition für mystische und religiöse Erfahrungen. Eine Kultur, die fast gänzlich außengeleitet, ziel- und gewinnorientiert ist, leitet zwar zum Handeln an, aber nicht zum Sein.

Spiritualität wurde mit Verleugnung und Unterdrückung verwechselt. Ich trete hier nicht für eine Verleugnung des Ichs ein, wie sie in einigen Religionen gelehrt wird. Ich ermutige und ermuntere dich vielmehr, dein Ich beweglicher zu machen, damit du dein Bewußtsein auf alle Ebenen der Existenz erweiterst. Die materielle Ebene leugne ich nicht. Ich sage lediglich, daß es mehrere Ebenen gibt und daß wir von der Erde zu anderen Ebenen und zurück reisen können. Spiritualität ist keine Weltflucht, sondern eine Erweiterung der Welt. Die spirituelle Dimension bereichert und erhält uns. Sie engt weder ein, noch verleugnet sie uns. Spiritualität ist die Feier der Liebe und des Lebens.

Spiritualität transzendiert das persönliche Selbst und verbindet es mit dem universellen. Die Fähigkeit zur Transzendenz ist Teil unserer menschlichen Natur. Unsere Entwicklung und unser Fortschritt hängen von der Fähigkeit zu träumen ab. Ohne unsere Träume könnten wir nicht über uns hinauswachsen und unsere Begrenzungen transzendieren. Die Vorstellungskraft ist der Schlüssel zur Schöpfung. Mit unseren Gedanken und Träumen können wir allem zur Existenz verhelfen. Quelle unserer Kreativität und Originalität ist der göttliche Funke in uns. Mit der Essenz des Schöpferischen/der Göttin verbinden wir uns in der Umarmung der spirituellen Dimension.

Spiritualität wird uns versagt, da unsere Gesellschaft handlungs- und zielorientiert ist. Auch die Art, wie wir nach Spiritualität suchen, ist immer noch von aggressiven Verhaltensweisen bestimmt. Wir erwarten intensive Visionen und sofortige Erleuchtung. Geheimrituale ziehen uns magisch an, und wir verstricken uns in obskure Weltanschauungen.

Erwachen ist ein allmählicher Prozeß. Wir sollten wahrnehmen, in welcher Weise wir die machtorientierten oder gewalttätigen, dynamischen Methoden unserer Gesellschaft bereits verinnerlicht haben. Vor allem sollten wir spirituelles Bewußtsein mit politischer Bewußtheit verbinden. Auf der spirituellen Ebene ist alles eins, die Betonung liegt auf Ähnlichkeiten, Verbindungen und Prozeß. Auf der materiellen oder politischen Ebene sprechen wir von Zielen, Handlungen und Ergebnissen. Dort werden die Unterschiede betont. Fahren wir damit fort, den Prozeß vom Produkt abzuspalten, fallen wir wieder in männlich-dualistische Denk- und Verhaltensweisen zurück.

Frauen, die politisch und analytisch denken, formulieren und arbeiten, neigen oft zur These: „Der Zweck heiligt die Mittel." Im spirituellen Bewußtsein wächst hingegen das Verständnis für die Verantwortung im Prozeß: Auch die Mittel liegen in deiner

Verantwortlichkeit. Du wirst dich im Kreis drehen, wenn du mit alten Verhaltensweisen ein neues Ziel anstrebst — damit setzt du nur Verhaltensweisen fort, die du loslassen wolltest. Konfrontation kann bisweilen ein legitimes Mittel zur Veränderung sein, ist aber nicht in jedem Fall angemessen. Stützen wir uns nur auf Konfrontation, werden wir überheblich: „Ich habe politisch mehr recht", nenne ich dieses Syndrom. Derart negative Verhaltensweisen entspringen männlichem Konkurrenzdenken. Dabei geht es immer noch um Macht über Menschen: Das ist gewalttätig, und Gewalt erzeugt Gewalt.

Um die Dynamik der Macht zu verstehen, sollten wir das Glaubenssystem untersuchen, das Macht perpetuiert. Als erstes finden wir den Mythos des Mangels. Die Leute, die danach leben, glauben, daß nicht genug da ist für alle. So horten und häufen sie so viel an, wie sie nur können. Sie horten Liebe und Aufmerksamkeit wie auch physische Ressourcen. Natürlich unterbricht das Horten den Fluß, und die Ressourcen scheinen zeitweise weniger zu werden. Das wiederum erweckt den Anschein, als ob der Mythos stimme. Der Mangel wird durch unsere Psyche geschaffen und manifestiert sich dann als Machtstruktur. Die Dynamik der Macht lebt von diesem Mythos. Angst und Gier rufen Mangel hervor. Die Verbindung mit dem universellen Ganzen geht verloren, und die Ressourcen der Erde werden ausgebeutet. So müssen wir uns nicht nur mit der Angst vor dem Mangel herumschlagen, sondern auch mit ihren Folgen — ungleiche Verteilung materieller Güter und Umweltverschmutzung.

Der zweite Mythos ist ein Eckpfeiler des Patriarchats: der Mythos der halben Person. Menschen, die daran glauben, erfahren sich als unvollständig und nehmen fälschlicherweise an, daß eine andere Person sie ganz macht. Sie widmen all ihre Energien dem Suchen und Halten dieser Person. Bei diesem Prozeß geben sie einen Großteil der eigenen Macht ab. Die „romantischen" Beziehungen von Frauen zu Männern zeigen deutlich diesen Mangel an Ganzheit.

Schließlich haben wir den Mythos der linearen Zeit. Wenn du die Zeit als absolut siehst (statt als Organisationsform des Geistes), wirst du glauben, daß die Vergangenheit dich formt und begrenzt. Tatsächlich aber werden Vergangenheit, Gegenwart und Zukunft je nach deinen Glaubensvorstellungen und Erwartungen ständig neu arrangiert und strukturiert.

Einige Feministinnen wollen am kulturellen und spirituellen Wandel arbeiten und befassen sich intensiv mit dem Prozeß des

Wachstums und der Veränderung durch Selbsterfahrung. Das ist durchaus hilfreich, aber nicht ohne Gefahren. Es ist leicht, sich so ausschließlich mit dem eigenen Prozeß zu befassen, daß darüber die harte Wirklichkeit des Patriarchats vergessen oder verleugnet wird. Das ist dann die feministische Ausgabe der Hippies der sechziger Jahre — „mach deine eigenen Sachen" und „alles ist möglich".

Wahre Spiritualität leugnet jedoch nicht die physische Wirklichkeit, sie schließt sie vielmehr mit ein. In dieses Bewußtsein werden das Selbst und die Beziehungen zu anderen sowie zum Universum einbezogen. Dorothy Riddle schreibt: „Wir brauchen Reichtum und Kraft der Verschiedenheit sowie Konzentration und Integrität, die aus den Idealen und Standards kommen. Wir brauchen die Freiheit für den Prozeß wie die Verantwortung für das Produkt." (Dorothy Riddle: „Spirituality and Politics", *Womanspirit*, Sommersonnenwende 1976.)

Die Wahrheiten einer Kultur, die Fundamente der Macht finden sich in ihren Religionen und Glaubensrichtungen. Der jüdisch-christliche Mythos wurde neu geschrieben, um Lilith, die erste Frau, auszulöschen. Eva, die als zweite Gefährtin Adams geschaffen worden war, trat an ihre Stelle. Dieser Mythos dient zur Rechtfertigung männlicher Herrschaft und Überlegenheit. (Merlin Stone: *When God was a Woman,* New York 1976, analysiert diesen Mythos im Detail.) In früheren Schöpfungsmythen wird die schöpferische Kraft weiblich gesehen, sie gebiert Frauen und Männer zugleich. In Zeiten von Göttinnen war auch die Stellung der Frau eine andere als heute in der patriarchalen Gesellschaft.

Die jüdisch-christliche Tradition hat, wie viele Religionen, die weibliche Schöpferkraft unterdrückt und uns somit Modelle starker, unabhängiger und mutiger Frauen verweigert. Wir haben keine lebendigen Mythen mehr, auch keine Visionen, die uns zeigen, was wir erreichen können.

Die Spiritualität der Frauen ist sowohl magisch als auch mystisch. Magisch ist sie, wann immer wir uns mit den höheren Kräften verbinden, sie auf die irdische Ebene holen und uns kreativ darin ausdrücken. Mystisch ist sie, wenn wir unsere physischen Energien mit den höheren Energien verbinden und unsere physischen Begrenzungen transzendieren.